T0129801

essentials

essentials liefern aktuelles Wissen in konzentrierter Form. Die Essenz dessen, worauf es als „State-of-the-Art" in der gegenwärtigen Fachdiskussion oder in der Praxis ankommt. *essentials* informieren schnell, unkompliziert und verständlich

- als Einführung in ein aktuelles Thema aus Ihrem Fachgebiet
- als Einstieg in ein für Sie noch unbekanntes Themenfeld
- als Einblick, um zum Thema mitreden zu können

Die Bücher in elektronischer und gedruckter Form bringen das Expertenwissen von Springer-Fachautoren kompakt zur Darstellung. Sie sind besonders für die Nutzung als eBook auf Tablet-PCs, eBook-Readern und Smartphones geeignet. *essentials:* Wissensbausteine aus den Wirtschafts-, Sozial- und Geisteswissenschaften, aus Technik und Naturwissenschaften sowie aus Medizin, Psychologie und Gesundheitsberufen. Von renommierten Autoren aller Springer-Verlagsmarken.

Weitere Bände in der Reihe http://www.springer.com/series/13088

Claudia Lutschewitz

Philosophie im Leadership

Sokrates als Inspiration und Empowerment

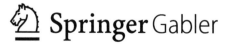

Claudia Lutschewitz
CL Diversity Managementberatung
Wenden, Deutschland

ISSN 2197-6708 ISSN 2197-6716 (electronic)
essentials
ISBN 978-3-658-32145-1 ISBN 978-3-658-32146-8 (eBook)
https://doi.org/10.1007/978-3-658-32146-8

Die Deutsche Nationalbibliothek verzeichnet diese Publikation in der Deutschen Nationalbibliografie; detaillierte bibliografische Daten sind im Internet über http://dnb.d-nb.de abrufbar.

Planung/Lektorat: Christine Sheppard
Springer Gabler ist ein Imprint der eingetragenen Gesellschaft Springer Fachmedien Wiesbaden GmbH und ist ein Teil von Springer Nature.
Die Anschrift der Gesellschaft ist: Abraham-Lincoln-Str. 46, 65189 Wiesbaden, Germany

Was Sie in diesem *essential* finden können

- Einen Einstieg in die Philosophie
- Einen Überblick vom Leben, Denken und Fragen Sokrates`
- Informationen zur Philosophie als Lebensführung
- Einen Einblick in das Wissensmanagement der Philosophie
- Warum Philosophie Führungsqualitäten fördert und stärkt.
- Eine Zusammenfassung der Kunst der sokratischen Gesprächsführung

Inhaltsverzeichnis

1 Einleitung 1

2 Philosophie ganz ohne Vorwissen 3
   2.1 Was haben Fragen zur Führung mit einem Baum gemein? 3
   2.2 Auf Philosophie einlassen 4
   2.3 Was Philosophie Führungskräften bieten kann 5

3 Sokrates und sein Wirken 7
   3.1 „Good to know" zu Sokrates 7
   3.2 Die Bedeutung Sokrates` für die abendländische
      Philosophie. 9
   3.3 Ist Sokrates der ideale Mentor? 10

4 Philosophische (Lebens-) Führung 13
   4.1 Selbstführung und Selbstmanagement 13
   4.2 Philosophie als (Lebens-) Hilfe? 14
   4.3 Philosophie als fragende (Lebens-) Beratung? 15

**5 Die Erkenntnis des Nichtwissens – Sokrates
als Wissensmanager?** 21
   5.1 Das Orakel von Delphi. 21
   5.2 Der Orakelspruch und die Prüfung des Nichtwissens 22
   5.3 Nichtwissen und Führungsmanagement 24
   5.4 Nichtwissen als Macht und Dialog als Wahrheitssuche. 25

6 Der Sokratische Dialog 29
   6.1 Die Kunst des Dialogs – Respekt und Wahrheit 29
   6.2 Das Sokratische Gespräch 31
   6.3 Regeln und Tipps für den Sokratischen Dialog 33

7   Der Mensch als Mittelpunkt – Selbstreflexion   39

8   Die Wahrheit, der Lebenssinn und eigene Begrenzung   43

9   Was ist „gut" und was ist „gute" Führung?   47
     9.1   Ist der Mensch gut oder böse?   47
     9.2   Wie definiert Sokrates die gute Führung,
            einen guten Führungsmanager*?   49

10   Sokrates' Weisheit als Fazit   53

Literatur   57

Über die Autorin

Claudia Lutschewitz ist Wirtschaftspsychologin und systemische Mediatorin.

Sie arbeitet mit Führungskräften im Bereich Team- und Organisationsentwicklung zusammen → mit engem Bezug zur Philosophie. (Denkende und reflektierende Fragen)

Ihr Motto:

„Das Leben besteht in der Bewegung" (Aristoteles)

CL Diversity Management-
beratung
Schönau NRW

Als Führungskraft und Managerin in internationalen Industrieunternehmen hat sie 10-jährige Erfahrungen zum interkulturellen Vertragsmanagement und Konfliktmanagement gewonnen. Hinzu kommt Vorträge, Workshops und Trainings mit Vorständen, Geschäftsführer*innen und Projektleitern*innen.

Einleitung

Man kann nur Philosoph werden, nicht es sein.
Sobald man es zu sein glaubt, hört man auf, es zu werden.

(Friedrich von Schlegel (Vgl. Skupy 2017, S. 743))

Philosophie regt zum Selber-Denken an und wer sich auf dieses Abenteuer einlässt, landet nicht selten im Ungewissen. Denn Selbst-Denken erfordert Mut, macht Lust auf Neues und man muss manchmal auf unbequeme Erkenntnisse gefasst sein. Es gilt auch zu bedenken, dass es vielleicht nicht auf jede Frage (sogleich) eine Antwort gibt.

Doch was genau bedeutet Philosophie?

Bekannt ist die nette Anekdote, der zufolge Pythagoras den Titel des Weisen aus Bescheidenheit ablehnte, da nur Gott allein als weise angesehen werden könne. Er nannte sich daher lieber einen Freund (philos) der Weisheit (sophia)[1].

Unsere Welt hat sich tiefgreifend verändert. Globalisierung, Individualisierung und Informationsvernetzung durch das Internet haben neue Realitäten geschaffen, auch vor allem in der Wirtschaftswelt. Zudem treten immer mehr „Player" in die globale Wirtschaft, nicht zu vernachlässigen künstliche Intelligenz und lernende Maschinen. Das traditionelle Managementdenken sowie Führungshandeln stoßen in dieser komplexen Welt immer mehr an Grenzen.

---

[1]Vgl. Ludwig (2019, S. 11).

Die Organisationen benötigen daher die Intelligenz und Kreativität aller Mitarbeiter*[2], wenn sie auf den Märkten der Zukunft erfolgreich agieren wollen.

Daher wurde in letzter Zeit das Bedürfnis im Führungsbereich größer, die Philosophie zur Entdeckung neuer Lösungsansätze zu Rate zu ziehen. Ein logischer Ausgangspunkt könnte hierbei Sokrates sein, denn seine Art der Fragestellung und der Gesprächsführung bietet sich als sehr hilfreich und unterstützend an.

Bereits der Managementdenker Peter Drucker[3] prophezeite: *„Die Führungskräfte der Vergangenheit wussten Anweisungen zu geben. Die Führungskräfte der Zukunft wissen Fragen zu stellen."*

Ein guter Zeitpunkt, um von Sokrates, dem großen Fragesteller, zu lernen?Denn er kann entscheidend dabei helfen, klarere Vorstellungen davon zu entwickeln, wie das eigene Leben erfolgreicher „gemanagt" und dabei die Bedürfnisse und Ansprüche der Umwelt in einer für alle Beteiligten zufriedenstellenden Weise integriert werden können.

Lassen Sie sich in diesem Essential auf das Abenteuer Philosophie ein und reisen Sie auf den Spuren des vielleicht wichtigsten Philosophen aller Zeiten.

Schlussgedanke: Das Buch, welches allen gefällt, existiert nicht. Ich wünsche mir daher, dass es mir gelingt, Denkanstöße zu Sokrates im Leadership an möglichst viele Menschen weitergeben zu können. Menschen, die für kleine und vielleicht auch etwas größere Veränderungen (im Denken) empfänglich sind.

---

[2]Was bedeutet dieses *Sternchen* hinter einigen der Wörter hier? Das sind sogenannte „Gender-sternchen"! Die signalisieren dem* Leser*: Hier gäbe es auch noch eine weibliche Form! Natürlich hätte ich die auch dazuschreiben können. Aber ich wollte den Text flüssig und ohne Unterbrechungen lesbar gestalten!

[3]Vgl. Drucker (2014, S. 8 ff.).

Hast du deine Meinung schon durch die drei Siebe
gegossen:
Jenes der Wahrheit, jenes der Güte, jenes der
Notwendigkeit?
(Sokrates (Vgl. Knischek 2011, S. 119))

Häufig werden Stimmen laut, die sagen, dass Philosophie unverständlich, kompliziert, weltfremd und unpraktisch sei.

Fakt ist, Philosophie ist nicht autoritäre Wegweisung, denn sie kann sich nicht auf ein höheres Wissen beziehen, an das wir die Verantwortung für unser Handeln abgeben und übergeben können[1]. Sie fordert nachdenkliche, kritische Distanz und Hinterfragen.

2.1 Was haben Fragen zur Führung mit einem Baum gemein?

Führungskräfte befinden sich immer wieder in konkreten Entscheidungssituationen und stellen sich die Fragen: *Was soll ich tun? Wie soll ich meine Entscheidung umsetzen?*

Diese Fragen zu beantworten, kann eine Herausforderung sein, da sie sich häufig in einem Spannungsfeld zwischen ganz unterschiedlichen Anforderungen bewegen, denen sie nicht allen gleichermaßen gerecht werden können.

---

[1]Vgl. Geiselhart (2012, S. 28).

© Der/die Autor(en), exklusiv lizenziert durch Springer Fachmedien Wiesbaden
GmbH, ein Teil von Springer Nature 2020
C. Lutschewitz, *Philosophie im Leadership,* essentials,
https://doi.org/10.1007/978-3-658-32146-8_2

Was wiederum die Entscheidung erschwert, welche die „richtige" Handlungsweise ist oder sein könnte.

Diese Situation kann mit einer Bildmetapher, genauer eine **Baummetapher**[2], veranschaulicht werden.

Führungskräfte sind mit Bäumen vergleichbar: Die Blätterkrone des Baumes steht sinnbildlich für die verschiedenen Entscheidungssituationen einer Führungskraft. Sie muss immer im Bezug auf die konkrete Situation entscheiden, damit sie deren Besonderheiten nicht übersieht. Ferner benötigt die Führungskraft einen Stamm, dem ihre Blätterkrone entspricht. D. h. der Stamm steht symbolhaft für das, was die Führungskraft verkörpert. Ein Baum ohne Wurzeln wäre wiederum nicht lebensfähig, d. h., über diese bezieht der Baum seine Nährstoffe, sie geben ihm Standfestigkeit und verankern ihn in der Erde. Auch die Führungskraft benötigt Wurzeln. Die Wurzeln der Führungskraft ziehen ihre Nährstoffe aus Werten, an denen sie wiederum ihr Handeln ausrichtet, was sie wiederum zurück zu den Ausgangsfragen, bzw. den Antworten darauf, führt.

2.2 Auf Philosophie einlassen

Führungskräfte sehen sich in aktuellen Zeiten einer Reihe von Herausforderungen gegenüber. So müssen Produkte und Dienstleistungen den wachsenden Ansprüchen der Kunden genügen, Mitarbeiter* motiviert und mit Wertschätzung geführt werden und es wird erwartet, dass die Führungskraft ihre Kompetenzen stetig ausbaut, um die Organisation sicher in Richtung Zukunft zu führen. Führungskräfte können daher schnell an ihre Grenzen stoßen.

Wie können Führungskräfte neue Kompetenzen im Umgang mit Märkten und Mitarbeitern erlangen? An welchen Grundsätzen können sie sich orientieren?

Es bedarf neuer Denkansätze ganz im Sinn von Immanuel Kant: „**Hab den Mut, Dich deines eigenen Verstandes zu bedienen.**"

Woher aber soll eine neue Denkperspektive gewonnen werden? Die Antwort liegt nahe: dort, wo die Erfolgsgeschichten des modernen Denkens ihren Anfang nahmen – in der Philosophie.

Alle Managementtheorien sind direkt oder indirekt das Produkt der Philosophie. Denn allen liegt ein bestimmtes Welt- und Menschenbild, eine Philosophie zugrunde.

---

[2]Vgl. Frey und Schmalzries (2013, S. 4 f.).

Jeder hat bereits seine eigene Philosophie, denn jeder handelt nach bestimmten Überzeugungen und Prinzipien. Jedes Mal, wenn wir mit Kollegen, Mitarbeitern, Vorgesetzten, Kunden oder Investoren zu tun haben, wird dieser Umgang von unseren eigenen Grundhaltungen, Werten und Prioritäten gesteuert – der jeweiligen „Baummetapher". Und gerade das sind die Grundelemente einer jeden Philosophie, die jeder auf seine Art überprüft und hinterfragt.

Genau dieser Prozess des Prüfens führt zu Sokrates, dem Mann, der das systemische Überprüfen aller wichtigen Überzeugungen zu seiner Lebensaufgabe machte. Seine Denkansätze bieten ferner den Vorteil, dass sie ohne Vorkenntnisse verstanden und angewandt werden können[3].

Wie Sokrates können auch wir unvoreingenommen an die Überprüfung unseres eigenen Wissens und des Wissens unserer Umwelt herangehen sowie unsere bisherigen Erfahrungen und Erkenntnisse dazu einsetzen, „falsches", oder besser, unvollständiges Wissen zu erkennen und es bestmöglich zu vervollständigen.

2.3 Was Philosophie Führungskräften bieten kann

Führungskräfte haben wenig Zeit und von vielen wird ein hohes Maß an Flexibilität gefordert, die das Privatleben oft in erheblicher Weise beeinträchtigt[4].

Philosophie kann dazu beitragen, sich und die Welt besser zu verstehen. D. h. sie kann bei Führungskräften das Gefühl verstärken, autonom zu sein, indem sie zum Selber-Denken anleitet.

Philosophie kann Führungskräfte unter anderem:

- dazu anregen, mit den Grenzerfahrungen und dem Unumkehrbaren so umzugehen, dass Verarbeiten anstelle von Verzweiflung oder Verdrängung steht.
- davor warnen, nach letzten Antworten zu suchen und sich mit einem sogenannten unveränderlichen Zustand abzufinden.
- dazu ermutigen, in Alternativen und weiteren Handlungsmöglichkeiten zu denken.
- dazu inspirieren, in Räumen und Weiten zu denken, die (noch) unbe- und ungedacht scheinen und damit differenziertere Wahrnehmungen zu ermöglichen und folglich Perspektiven zu öffnen.

---

[3]Vgl. Drosdek (2007, S. 13 f.).
[4]Vgl. Geiselhart (2012, S. 29).

- dabei behilflich sein, die Klärung der eigenen Werte und Vorstellungen möglich zu machen.
- dabei unterstützen, durch radikales Staunen und Irritation ausgetretene Pfade zu verlassen.

Philosophie ist, wenn man es so will, eine Form des Empowerments, das Anstiften zur (Wieder-) Aneignung der Selbstbestimmung über das eigene Leben.

Sokrates und sein Wirken

3

> *Die Selbsterkenntnis ist die Bedingung praktischer Tüchtigkeit.*
>
> *(Sokrates (Vgl. Knischek 2011, S. 107))*

Welche Fähigkeiten braucht die „moderne" Führungskraft? Wie können die neuartigen Herausforderungen des 21. Jahrhunderts gemeistert werden? Wie können wertvolle Erkenntnisse gewonnen werden?

Lernen wir von Sokrates, der wie kein anderer die Kunst des Fragens und des Dialogs gepflegt und diese als Methodik der Wahrheitsfindung in die westliche Weisheitssuche eingeführt hat.

Mit seiner Methode des Fragens, die er selbst mit der Hebammenkunst seiner Mutter verglich, weil er damit die Wahrheit ans Tageslicht brachte, hat Sokrates ein Instrumentarium geschaffen, das auch heute noch Führungskräften erfolgreich beim Auffinden von optimalen Lösungen und Entscheidungen sowie bei der Mitarbeiterführung und in der Teamarbeit eingesetzt werden kann.

3.1 „Good to know" zu Sokrates

Sokrates (470–399 v.Chr.) ist der Philosoph mit dem größten Bekanntheitsgrad. Er bereitete den Boden für Platon und Aristoteles, die nach ihm die griechische Philosophie zu ihrem Höhepunkt führten.

Geboren wurde Sokrates in Athen, sein Vater war Steinmetz, seine Mutter Hebamme. Diogenes Laertius zufolge habe auch Sokrates für kurze Zeit als Bildhauer gearbeitet und einige Statuen auf der Akropolis gefertigt. Das spätere Klischee vom ewigen Nörgler und nichtstuerischen Querdenker verkennt, dass er als einfacher Soldat dreimal an Feldzügen für seine Heimatstadt teilgenommen und einmal sogar seinem Schüler Xenophon das Leben gerettet hat. Er wurde recht bald eine Stadtberühmtheit, da er auf der Straße und auf den Plätzen der Stadt jeden Bürger, den er traf, in tiefsinnige Gespräche verwickelte, nicht immer zu deren Freude. Manche seiner Gesprächspartner fand ihn abstoßend und sparten nicht mit Hohngelächter und Fußtritten, während andere in seinen Bann gerieten und sich immer tiefer in den Sog seiner Gedanken reißen ließen[1].

Das heutige Wissen über Sokrates ist im Wesentlichen fünf Quellen zu verdanken, wobei er selbst keine Schriften oder Aufzeichnungen hinterließ. Diese fünf Quellen sind:Seine Schüler Platon, Xenophon und Aristoteles, der Athener Komödiendichter Aristophanes sowie der Philosophiehistoriker Diogenes Laertius.

Sokrates galt nicht als schöner Mann, er war kein Adonis, eher waren seine Gestalt und sein Gesicht untypisch für griechische Männer: rundlicher Kopf mit einem der Zeit gemäßen Vollbart, einer breiten, flachen Nase und wulstigen Lippen. Seine gedrungene Gestalt zierte ein enormer Bauch, den er, nach eigenen Aussagen, durch Tanzen wieder loszuwerden suchte[2].

Übereinstimmend berichten Platon und Xenophon über die ihn charakterisierende Verhaltensweise. Jeden Tag, das ganze Jahr über, war er in ein einfaches und schäbiges Gewand gekleidet. Er bewegte sich am liebsten ohne Schuhwerk. Jede modern gesprochene Konsumlust schien ihm fremd gewesen zu sein. Auf dem Marktplatz von Athen, der Agora, auf dem sich Sokrates täglich aufhielt, wurde eine Fülle an Waren angeboten. Sein bezeichnender Kommentar über das Warenangebot lautete: *„Wie zahlreich sind doch die Dinge, derer ich nicht bedarf."* Er fühlte sich reich an seiner einfachen Lebensweise[3].

Bei geselligen Zusammenkünften (Symposien) und den damit verbundenen Gelagen vertrug Sokrates mehr als alle anderen Mittrinker. Häufig gehörte er zu den letzten Zechern, die sich auf den Heimweg machten, um am nächsten Morgen als erster wieder auf den Beinen zu sein.

Im Alter von 70 Jahren, nachdem er in einem Prozess in Athen zum Tode durch die Einnahme von Gift verurteilt wurde, verabreicht durch den sogenannten Schierlingsbecher[4], ging sein Leben auf unrühmliche Weise zu Ende.

---

[1]Vgl. Ludwig (2019, S. 42 f.).
[2]Vgl. Wisniewski/Niehaus (2016, S. 15 f.).
[3]Vgl. Ludwig (2019, S. 43 ff.).
[4]Vgl. Jaspers (1995, S. 117 f.).

Der Vorwurf lautete, er verderbe die Jugend Athens und erkenne die Götter der Stadt nicht an. Seine Freunde und Schüler wollten ihn vor dem Schierlingsbecher retten, doch lehnte Sokrates dies ab, da er sich an die Gesetze, die Rechtsprechung und das über ihn ergangene Urteil gebunden fühlte. Er nahm das Gift, wie es Platon[5] in seinem Dialog „Phaidon" berichtete, völlig gefasst und in großer Gelassenheit zu sich.

3.2   Die Bedeutung Sokrates` für die abendländische Philosophie

Sokrates hat, nach Ciceros[6] Worten, *„die Philosophie vom Himmel geholt"*. Damit meinte er, Sokrates habe die Philosophie nutzbar für das Alltägliche gemacht. Während sich die ersten Philosophen, die sogenannten Vorsokratiker, als Naturphilosophen vor allem mit Fragen der Himmelskunde und dem Entstehen der Erde beschäftigt haben und damit gewissermaßen die Vorläufer der modernen Naturwissenschaften sind, hat sich Sokrates, in der Nachfolge der frühen Sophistik, dem einzelnen Menschen und seinen Sorgen und Nöten zugewandt[7].

Sokrates unternahm mit seinen Gesprächspartnern und Schülern den Versuch, vom Meinen, Glauben und Vermuten zum Wissen und damit zur Wahrheit zu gelangen. Und das in einer Zeit, in der die Menschen im Wesentlichen von den Erzählungen Homers und den Helden in dessen Werken „Ilias" und „Odyssee" sowie von den Mythen der griechischen Götterwelt beeinflusst waren.

Die Grundlage der Erkenntnis ist, nach Sokrates, die Vernunft. Sie gibt einen Bezugsrahmen und eine Systematik für Wissen und ist die Fähigkeit des menschlichen Geistes, universelle Zusammenhänge und ihre Bedeutung in der Welt zu

---

[5]Platon: (428–343 v. Chr.) griechischer Philosoph und Schüler Sokrates', gründete eine Philosophenschule, die Akademie, von der aus sich seine Philosophie über die gesamte Welt der Antike verbreitete. Sein wichtigstes Werk ist die Politeia/vgl. Nida-Rümelin/Weidenfeld (2014, S. 210).

[6]Cicero, Marcus Tullius (106–43 v. Chr.) lebte in Rom und war Politiker, Schriftsteller und Philosoph. Bekannt wurde er für seine großen Reden. Er repräsentierte die stoisch geprägte Weltanschauung der römischen Elite und hat mit seinem Werk „Über die Pflichten (De oficiis)" ein wichtiges Dokument ethischer und politischer Praxisregeln hinterlassen. vgl. Nida-Rümelin/Weidenfeld (2014, S. 211).

[7]Vgl. Wisniewski und Niehaus (2016, S. 23 f.).

erkennen und danach zu handeln. Die Vernunft ist das oberste Erkenntnisvermögen, das den Verstand kontrolliert. Ohne Vernunft kein Logos[8].

Sokrates hat folglich nicht nur die Philosophie vom Himmel geholt, sondern in seinen Gesprächen die im Mythos verhafteten Lebensweisen, Sitten und Wertevorstellungen mittels Logik und Vernunft überprüft, um zu neuen Erkenntnissen und Einsichten und somit zu neuem Wissen über das sittliche Gute zu gelangen.

Wissen als Endresultat ist jedoch bedeutungslos, wenn dahinter nicht die Wahrheit aufscheint. Eine Ansammlung von Fakten ist bedeutungslos, entscheidend ist ihm die ethische Grundhaltung[9].

3.3   Ist Sokrates der ideale Mentor?

Sokrates verlangte keinerlei philosophisches Vorwissen von seinen Dialogpartnern. Er zeigte, wie man ein Problem ohne Vorwissen und Vorurteile an der Wurzel fassen und zu sinnvollen Einsichten gelangen kann.

Wenn Philosophie „Lehre" ist, war Sokrates kein Philosoph, denn er war das Auf-dem-Weg-Sein im Denken, mit dem Wissen des Nichtwissens. Ferner gab er nicht, sondern ließ den anderen hervorbringen. Er machte dem scheinbar Wissenden sein Nichtwissen bewusst und ließ ihn wiederum Wissen selbst finden. So gewannen die Menschen um ihn an Tiefe zu ihrem eigenen Wissen und Nichtwissen[10].

Für ihn waren Freundschaft und Hilfsbereitschaft wichtige Elemente seiner Philosophietätigkeit. Seiner Ansicht nach gehörte es zu einem gelungenen Leben, dass jemand nicht nur engstirnig seine Eigeninteressen verfolgte, sondern auch die berechtigten Fremdinteressen berücksichtigte. Eine Führungskraft, die sich an Sokrates' Ansatz orientiert, gewinnt Authentizität und Glaubwürdigkeit in ihrem Bemühen, einen positiven Beitrag, nicht nur zum eignen Erfolg, sondern zum Erfolg der Organisation, der Mitarbeiter*, des Teams zu leisten[11].

---

[8]Logos bezieht sich auf alle durch Sprache dargestellte Äußerungen der Vernunft. Die Wissenschaft der Logik leitet sich vom Logos ab.

[9]Vgl. Wisniewski/Niehaus (2016, S. 25).

[10]Vgl. Jaspers (1995, S. 109 f.).

[11]Vgl. Drosdek (2007, S. 19).

Sokrates betont das Primat der Erkenntnis. Bevor ein Mensch richtig handeln kann, muss er richtig denken. Entscheidend sind dabei die Erkenntnis des eigenen Nichtwissens (denn nur dann strebt man die entsprechende Erkenntnis an), die Selbsterkenntnis und am Ende die Erkenntnis der Wahrheit und des Guten. Diese drei Erkenntnisarten bilden dann eine ideale Entscheidungs- und Handlungsbasis. Mit seiner Methodik hat Sokrates eine Denkschule angestoßen, die bis in die heutigen Zeiten ihre Auswirkungen hat. Erstaunlicherweise hielt er selbst nur wenige „Wahrheiten" für absolut gesichert.

Besonderen Anklang fand Sokrates mit seiner radikalen Suche nach neuen, vertrauenswürdigeren Grundlagen für dauerhaften Lebenserfolg bei der jungen Elite Athens. Er war somit der Lieblingsmentor der „High Potentials Athens", was wiederum seine Ankläger besonders erschreckte. Sie wollten sich nicht vielen intelligenten jungen Menschen ausgesetzt sehen, denen sie Rechenschaft für ihre Überzeugungen und Handlungen schuldig sein würden[12].

Um sich ein besseres Bild von Sokrates machen zu können, hier ein paar Überlieferungen von Diogenes Laertius:

- Oftmals sei er, wenn es bei den Diskussionen zu heftig wurde, mit Fäusten traktiert oder an den Haaren gezerrt, meist jedoch verlacht und verhöhnt worden, habe aber alles geduldig ertragen.
- Er führte sehr genaue Untersuchungen mit seinen Gesprächspartnern durch, wobei er sie weniger zur Aufgabe ihrer Überzeugungen, als vielmehr zur Suche nach Wahrheiten bewegen wollte.
- Er war unabhängig und charakterstark, nahm keine Geldgeschenke an und verkehrte auch nicht an den Höfen.
- Er war souverän genug, die ihn verspotteten, zu ignorieren.
- Er behauptete auch, das einzig Gute sei Wissen, das einzig Schlechte Unwissenheit; Reichtum und Adel schüfen nichts Edles, wohl aber alle möglichen Übel.

---

[12]Vgl. Drosdek (2007, S. 23).

Philosophische (Lebens-) Führung

4

Mit sich beginnen, aber nicht bei sich enden,
bei sich anfangen, aber sich nicht selbst zum Ziel haben.

(Martin Buber (Vgl. Knischek 2011, S. 350))

Selbstsorge ist die Grundlage philosophischer Lebensführung. Die Sorge um sich und für sich selbst, auch Selbstmanagement genannt, das alle Aspekte des bewussten Umgangs mit sich selbst umfasst.

Selbstsorge, die Sorge um sich selbst, hat ihre Wurzeln in der sokratischen Philosophie. Darunter ist keine egoistische Sorge um sich selbst zu verstehen, sondern die Sorge, um die eigene Seele als Grundlage für jedes gesellschaftliche Engagement. Selbstsorge ist folglich nicht nur eine private Angelegenheit, sie hat auch immer einen öffentlichen Aspekt und geschieht im Austausch mit anderen Menschen. Sokrates lebte quasi öffentlich, die Agora (Marktplatz von Athen) war sein „Wohnzimmer". Er suchte das Glück nicht im Verborgenen und in der privaten Zurückgezogenheit, sondern übernahm gesellschaftliche Verantwortung bis dahin, dass er bereit war, für seine Überzeugung zu sterben.

4.1 Selbstführung und Selbstmanagement

Bevor sich für eine Führungskraft Fragen der Mitarbeiterführung oder Organisationsführung stellen, stellt sich das Thema der Selbstführung. Denn wie kann man andere führen, wenn man nicht weiß, wer oder was einen selbst leitet, wenn man nicht weiß, wer man ist und welche Ziele man im Leben verfolgt?

Um als Führungskraft erfolgreich handeln zu können, muss man, wenn man Sokrates folgen möchte, diese grundsätzlichen Fragen ausreichend reflektiert haben.

Aristoteles schrieb: *„Was wir wollen, darin sind sich die Menschen einig. Alle Menschen streben nach Glück.“*

Doch was dieses glückliche und gelingende Leben im Einzelnen ist, dazu bestehen seit jeher unterschiedliche Ansichten.

Nach Sokrates ist es das höchste Ziel des Menschen, ein erfülltes und gutes Leben zu führen. Daher ist es Ausdruck der Vernunft, sich über das Gelingen des Lebens Gedanken zu machen. Und weiter war Sokrates der Überzeugung, dass jeder als erste Aufgabe hatte, so gut wie möglich zu werden und zu leben.

Bei seiner nach der Wahrheit suchenden Methode der Gesprächsführung ging er davon aus, dass das Streben zum Guten dem Menschen angeboren sei, und er wollte mit seinen Gesprächen gewissermaßen als Hebamme[1] für die im Inneren des Menschen vorhandenen richtigen Antwort dienen. Dabei zeigte sich, dass das richtig verstandene persönliche Glück der Menschen nicht den Interessen der Gemeinschaft entgegenstand, denn Lebensglück – dies stand für Sokrates fest – war nur über ein sittlich gutes Leben möglich.

Selbsterkenntnis wird bei Sokrates so zu einem Persönlichkeit bildenden und Persönlichkeit schaffenden Element. Diesem Innenleben, diesem Selbst, wird stets die größte Aufmerksamkeit gewidmet. Selbsterkenntnis, Einsicht in das eigene Wollen und Handeln, hat folglich oberste Priorität bei Sokrates. Denn nur, wenn die eigene Individualität in ihren Vorlieben und Talenten, aber auch in ihren Defiziten, transparent wird, besteht die Möglichkeit, das Leben gezielt zu gestalten.

Der Mensch wird erst frei, wenn er sich selbst erforscht hat.

4.2   Philosophie als (Lebens-) Hilfe?

Die Frage ist, ob die Philosophie eine Hilfe für das Leben sein kann? Gibt die Philosophie Unterstützung und Anregung in der alltäglichen Lebensführung?

Dabei sind die existentiellsten Fragen: *Wer bin ich? Wo komme ich her, wo gehe ich hin? Hat mein Tun, mein Denken und Handeln ein Ziel? Warum gibt es Leid, Krankheit und Tod? Was ist Glück, was der Sinn des Lebens und was bedeutet überhaupt „Leben“, „Glück“ oder „Sinn“?*

---

[1]Hebammenkunst = Mäeutik auch Maieutik.

Um Antworten zu finden, suchen die Menschen verstärkt nach einer Möglichkeit und einem Rahmen, in dem die Erörterung dieser Fragen möglich ist. Ein solcher Ort des Innehaltens und Nachdenkens ist die Philosophie. Die wesentliche Leistung der Philosophie als Lebenshilfe ist dabei die Klärung. Klärung bringt Klarheit, klärt auf und lichtet den Nebel des Nichtwissens. In diesem Sinne behandelt die Philosophie nicht, sie trägt vielmehr zu einer Klärung von Lebensfragen bei. Sie versteht sich als ein Angebot zum Gespräch, sei es der innere Monolog als Gespräch mit sich selbst, das Gespräch mit bereits verstorbenen Denkern über die Auseinandersetzung mit ihrem Werk oder aber der Dialog von Mensch zu Mensch.

Die Stärke der Philosophie liegt in ihrer Schwäche. Denn sie weiß, dass es keine abschließende und allgemein gültige Antwort auf die großen und schwierigen Fragen gibt. Philosophie ist folglich immer auf dem Weg.

Philosophische Lebenskunst ist demnach immer auch die Einsicht in die Begrenztheit des Menschen. Philosophische Lebenshilfe lehrt in diesem Sinn das gekonnte Scheitern, die Auseinandersetzung mit Niederlagen, mit der Erfahrung, dass das Leben ganz anders ist als gedacht.

4.3   Philosophie als fragende (Lebens-) Beratung?

„Der Anfang aller Philosophie ist das Staunen", so Aristoteles. Wer philosophiert, wundert sich und merkt plötzlich, dass das Selbstverständliche sich gar nicht so von selbst versteht, dass das Normale und alltäglich Bekannte gar nicht so normal ist, wie es uns erscheint. Die philosophische Lebenspraxis stellt folglich das Wissen über die Welt infrage, denn wer philosophiert, ist auf der Suche nach Wahrheit.

Die Philosophie ist die Liebe (gr. „philia") zur Weisheit (gr. „sophia"). Nach Platon besitzt der Philosophierende nicht die Weisheit, sondern ist auf dem Weg zu ihr – er begehrt sie. In diesem Sinne ist philosophische Praxis, also die Philosophie als Lebensberatung, etwas Dynamisches, etwas, das immer wieder neu geschieht – ein Erweitern des eigenen Horizontes.

Gleichzeitig ist die Philosophie auch immer ein kommunikativer Prozess, bei dem Menschen sich im Gespräch austauschen. *„Die Wahrheit beginnt zu zweit"*, so der Philosoph Karl Jaspers[2]. In der Kommunikation muss sich die Philosophie

---

[2]Vgl. Jaspers(1995, S. 94 f.).

bewähren, muss den Fragen und Einwänden des anderen standhalten oder sich den bessern Argumenten beugen.

Die philosophische Lebensberatung bezieht sich dabei nicht nur auf das „Was" des Themas, auf den Inhalt, sondern auch auf das „Wie": *wie denken, wie fühlen die anderen, welches Verständnis von Welt liegt den einzelnen „Problemen" zugrunde?*

Basis dazu bildet das unvoreingenommene Zuhören. Unvoreingenommen in dem Sinne, dass nicht versucht wird, hinter den Zeilen etwas zu deuten oder das Gesagte auf etwas anderes hin zu interpretieren. Der Versuch, das Gegenüber mit seinen Besonderheiten und Eigenarten zu verstehen, meint zuerst, das gesprochene Wort anzunehmen, selbst wenn das Gesagte noch fremd und merkwürdig (des Merkens würdig!) ist, ohne gleich zu diagnostizieren oder zu kommentieren.

In diesem Sinne verstand Sokrates, der erste philosophische Praktiker, seine Kunst der Gesprächsführung als Hilfe, indem er durch geschicktes Fragen seinen Gesprächspartnern half, ihre Gedanken zu „gebären". So werden Gedankengänge und Verhaltensmuster, werden Strukturen sichtbar, wird das eigene Denken und Verhalten verstehbar.

Die Philosophische Lebensberatung lebt folglich vom Dialog, wozu die Zurückhaltung und Offenheit im Prozess des Zuhörens und des Annehmens des Gegenübers (Raum gebend) sowie die Fragestellungen gehören.

Die klassischen **sokratischen Fragen** helfen insbesondere, Begriffe zu klären. Weitere Fragetechniken, die allesamt ihren Ursprung im philosophischen Denken haben, helfen Zusammenhänge aufzuzeigen, Unklarheiten zu beseitigen und kreative Lösungen zu entwickeln.

Im Folgenden wird ein Einblick über das Spektrum möglicher (basierend auf sokratischem Hinterfragen) Fragearten[3] angeboten:

1. **Bedeutungsfragen:**
   Fragen nach dem „WAS" sind Fragen, die auf das Wesen, auf den Kern einer Sache zielen. Sie hinterfragen die Bedeutung, die einer Sache beigemessen werden. Die Frage nach dem „*WAS*" einer Sache wird im sokratischen Gespräch im Laufe des Abstraktionsprozesse in verschiedenen Variationen gestellt.
   – Was ist gute Führung?
   – Was ist eine gute Organisation?

---

[3]Vgl. Wisniewski/Niehaus (2016, S. 92 ff.).

- Was ist das Ziel der Organisation, was ist die Aufgabe der Organisation?
- Was ist Kerngeschäft, Kernkompetenz der Organisation?
- Was ist die gesellschaftliche Verantwortung der Organisation?
- Was sind Beispiele für gute Organisationskulturen?
- Was sind Merkmale verantwortlichen Handelns?

2. **Konkretisierungsfragen:**

Konkretisierungsfragen dienen der Darstellung von Zusammenhängen, der Auflösung von Generalisierungen und der Erdung der Erfahrungen an das einzelne, konkret Erlebte. Es ist die Balance einer guten Gesprächsführung, sich nicht in den Niederungen einzelner Ereignisse und Beispiele zu verheddern, aber auch nicht im Allgemeinen und Pauschalen zu verharren, sondern dem konkreten Erleben des Gesprächspartners die unvoreingenommene Aufmerksamkeit zukommen zu lassen.

- Können Sie mir eine konkrete Situation schildern, in der das Problem auftrat?
- Was genau haben Sie dort erlebt?
- Warum ist genau dies ein gutes Beispiel für Ihr Anliegen?
- Können Sie diesen Gedanken näher beschreiben?
- Wie wollen Sie diese Situation ändern?
- Wann genau wollen Sie diesen Zustand erreicht haben, was sind Ihre konkreten nächsten Schritte?

3. **Unterscheidungsfragen:**

Unterscheidungsfragen dienen der Verdeutlichung von Unterschieden in der Wahrnehmung und Bewertung von Zusammenhängen und damit in den unterschiedlich konstruierten Wirklichkeiten. Die Fragen nach Differenzen bieten die Möglichkeit, das vermeintliche Wissen der jeweiligen Gesprächsteilnehmer zu erkennen und ein erneutes und weiteres (Nach-) Denken zu fördern sowie zu unterstützen.

- Worin unterscheidet sich ihre Situation von anderen?
- Besteht das Problem immer oder gibt es Ausnahmen?
- Wird diese Regel in ihrem Unternehmen immer angewendet oder wird in Einzelfällen anders entschieden?
- Wie würden Sie diesen Sachverhalt auf einer Skala von 1–6 bewerten? Was müsste sich verändern, damit sich Ihre Bewertung um einen Punkt nach oben bewegt?

4. Hypothetische Fragen:

Hypothetische Fragen dienen zur Entwicklung neuer Ideen, zur Eröffnung neuer Blickwinkel, Visionen und Utopien. Bisher Unmögliches wird durch eine Frage denkbar gemacht und altvertraute Zusammenhänge werden in einen ungewohnten Kontext gestellt. So kommt Bewegung in das Denken und mögliche Alternativen werden sichtbar.

Dieser Typ Frage wird (in der systemischen Therapie und im Coaching) oftmals als **„Wunderfrage"** aufgenommen und eignet sich insbesondere bei Entscheidungsproblemen.

- Angenommen, Ihr Problem hätte sich heute Nacht in Luft aufgelöst, was wäre dann anders?
- Angenommen, eine gute Fee würde Ihnen drei Wünsche erfüllen, welche wären das?
- Stellen Sie sich vor, wir befinden uns fünf Jahre in der Zukunft: auf welche Erfolge blicken Sie zurück?
- Was würde passieren, wenn Ihr Chef morgen plötzlich kündigen würde?
- Nehmen Sie an, Sie seien der Firmeninhaber, was würden Sie kurzfristig verändern?
- Stellen Sie sich vor, Sie und Ihr Ehepartner würden nochmals ganz neu von vorne anfangen. Was würden Sie anders machen?

5. Fragen zweiter Ordnung:

Fragen zweiter Ordnung machen komplexe Zusammenhänge zwischen unterschiedlichen Beteiligten, d. h. zwischen unterschiedlichen Systemen klar. Fragen zweiter Ordnung reflektieren Selbst- und Fremdwahrnehmung und die entsprechende Zuschreibung. Sie machen Perspektiven und Wahrnehmungen anderer erkennbar sowie Wechselwirkungen zwischen Personen bzw. Systemen sichtbar.

- Was glauben Sie, würde Herr X zu dieser Problematik sagen?
- Wenn Herr Y jetzt hier wäre, was würde er uns bezüglich der anstehenden Veränderungen raten?
- Was würde ein Außenstehender über Ihre Beziehung zwischen Ihnen und Ihrem Chef sagen?
- Stellen Sie sich vor, Ihr Problem habe sich wie durch ein Wunder aufgelöst. Wie würden Ihr Ehepartner und Ihre Mitarbeiter* dies bemerken?
- Woran könnte Ihr Ehepartner merken, dass Sie ihn zurzeit besonders brauchen?
- Wie könnte Ihr Mitarbeiter* erkennen, dass Sie unzufrieden mit seiner Leistung sind?

6. Ziel- und lösungsorientierte Fragen:
Ziel- und lösungsorientierte Fragen verhelfen zu anderen Denkweisen, neuen Handlungsalternativen und zielorientiertem Verhalten. Sie stehen im Gegensatz zu problemorientierten Fragen, die oftmals vergangenheitsorientiert sind und eine Problemverfestigung verursachen. Ziel- und lösungsorientierte Fragen loten den Handlungsspielraum aus und stärken die Autonomie der Gesprächspartner.
– Was ist Ihr Ziel?
– Was ist zur Zielerreichung notwendig?
– Woran werden Sie merken, dass Sie Ihr Ziel erreicht haben?
– Welche Kriterien muss eine gute Lösung für Sie erfüllen?

7. Paradoxe Fragen:
Paradoxe Fragen dienen zu Verdeutlichung von Unterschieden, zur Kontrastierung eines Sachverhaltes, bzw. zur Beleuchtung der jeweils „anderen" Seite. Paradoxe Fragen sollen irritieren und wachrütteln. Sie führen zum Staunen, der Grundlage jeden Philosophierens. Paradoxe Fragen verstärken die als Problem erlebte Ist-Situation durch Überzeichnung und Zuspitzung. Durch die Pointierung wird deutlich, dass es nicht sinnvoll ist, weiter wie bisher zu handeln.
„Mehr vom Gleichen" hilft nicht, sondern es müssen neue Verhaltensweisen bzw. Lösungen erarbeitet werden.
– Was können Sie dafür tun, damit das geschilderte Problem ganz sicher noch schlimmer wird?
– Was müssen Sie tun, damit dieses Projekt garantiert scheitert?
– Wie können Sie es schaffen, dass noch mehr Kunden zur Konkurrenz wechseln?
– Was müssen Sie tun, damit Sie bei der nächsten Beförderung garantiert leer ausgehen?
– Was müssen Sie tun, um diese Aufgaben garantiert nicht zu bekommen?
– Wie könnten Sie es erreichen, dass Sie das nächste Mal wieder zu spät kommen?

Die Erkenntnis des Nichtwissens – Sokrates als Wissensmanager?

5

> *Klug ist, wer weiß, was er nicht weiß.*
>
> *(Sokrates (Vgl. Knischek 2011, S. 119))*

Gerade in Zeiten der Krise sind Wissen, der Zugang zu Informationen und verlässliche Kriterien zu ihrer Bewertung von besonderer Bedeutung.

Doch was ist eigentlich Wissen und kann man Wissen wirklich managen oder führen?

5.1 Das Orakel von Delphi

Das Orakel von Delphi – hinter dem der Gott Apollo als Inspiration vermutet wurde – spielte eine wichtige Rolle in der Welt der Antike. Für die Griechen war es eine wichtige, göttlich inspirierte Autorität. Meist war das Orakel in seinen Aussagen jedoch eher mysteriös und ließ im Nachhinein unterschiedliche Interpretationen seiner Weissagungen und Ratschläge zu.

Ausgerechnet dieses berühmte Orakel sollte Sokrates einen wichtigen Anstoß für sein öffentliches Wirken liefern. Einer seiner Freunde war so von Sokrates` Weisheit überzeugt, dass er sich selbst an das Orakel wandte und ihm die Frage stellte, ob irgendein Mensch weiser wäre als Sokrates – bis dato war Sokrates ca. 30 Jahre alt und hatte sich von öffentlichen Auftritten eher fern gehalten – und das Orakel antwortete, wenig überraschend für den Freund, dass in der Tat kein Mensch weiser als Sokrates sei. Das wiederum kam für Sokrates völlig

C. Lutschewitz, *Philosophie im Leadership*, essentials, https://doi.org/10.1007/978-3-658-32146-8_5

überraschend. Er war nämlich bisher vor allem zu einer Erkenntnis über sich selbst gekommen: *„Ich weiß, dass ich nichts weiß.“*[1]

Dabei meinte Sokrates nicht, dass er gar nichts wusste, sondern dass er sich bewusst war, dass sein gesichertes Wissen an entscheidenden, für ihn wichtigen Punkten, noch lückenhaft war.

Wie aber sollte er nun dieses erkannte und sich selbst eingestandene Nichtwissen mit dem göttlichen Spruch, dass keiner weiser als er selbst sei, in Einklang bringen?

Diese Frage bewegte Sokrates zutiefst, denn er war kein Mensch, der ohne Grund die überlieferten Traditionen und Autoritäten infrage stellte. Er versuchte lediglich, das Wissen seiner Zeit auf eine gesicherte Grundlage zu stellen. Also ging er erst einmal davon aus, dass das Orakel normalerweise wahre Aussagen machte. In seinem eigenen Fall jedoch nicht richtig liegen würde. Für seine Denkweise typisch beschloss er daher, den Orakelspruch zu überprüfen.

Sokrates hatte sich selbst geprüft und als mangelhaft befunden. Der Orakelspruch zwang ihn nun dazu, auch die anderen zu überprüfen. Denn der Spruch konnte nur wahr sein, wenn das Wissen der anderen noch mangelhafter wäre als sein eigenes, was Sokrates aber kaum für möglich hielt.

5.2   Der Orakelspruch und die Prüfung des Nichtwissens

Der Orakelspruch veranlasste Sokrates im Alter von 35 Jahren, sein öffentliches Wirken zu beginnen. Er setzte sein Prüfen bei den Menschen an, die die Geschicke seiner Heimatstadt in entscheidender Weise prägten: bei den Staatsmännern und Politikern Athens[2].

1. Prüfung des Nichtwissens der Politiker

Das Athen der damaligen Zeit war eine Basisdemokratie, d. h., dass häufig ein Großteil der wahlberechtigten Bürger Athens bei Entscheidungen herangezogen wurde. Wollte also ein Politiker seine Ansichten durchsetzen, musste er in der Lage sein, Tausende von Zuhörern bei Versammlungen im Freien mit seiner Rede zu überzeugen. Diese Notwendigkeit führte dazu, dass die führenden Politiker ausgezeichnete Redner waren, ihre Inhalte mit wirksamen Argumenten vortragen konnten und im Ruf standen, besonders erfahren und weise zu sein.

---

[1]Vgl. Drosdek (2007, S. 29).
[2]Vgl. Drosdek (2007, S. 31 ff.).

Sokrates wollte den Orakelspruch demnach wie folgt überprüfen
Er stattete den Athener Politikern einen Besuch ab und führte mit Ihnen ein Gespräch. Zu seiner Überraschung verliefen die Dialoge mit den Politikern völlig anders als erwartet. Denn statt Weisheit erfuhr Sokrates bei den Gesprächspartner ein erstaunliches Nichtwissen sowie viel Arroganz und Scheinwissen. Die Politiker traten jedoch so auf, als wüssten sie alles, was Sokrates wiederum fragend stimmte.

Sokrates musste folglich feststellen, dass er dem berühmten Staatsmann zumindest darin überlegen war, dass er sein Nichtwissen erkannt hatte und auch nicht der Illusion von angeblichem Wissen erlag.

„Wer sich seines Nichtwissens bewusst ist, ist weiser als jener, der glaubt alles zu wissen." (Sokrates).

2. Prüfung des Nichtwissens der Dichter
Die Dichter gehörten zur damaligen Zeit zur Elite der Stadt. Und zumindest hier erwartete Sokrates, dass er sich unwissender als diese erweisen würde. Aber auch hier musste Sokrates feststellen, dass die Dichter sogar weniger über den Hintergrund und die Bedeutung ihrer eigenen Werke wussten als ihre Interpreten und Kritiker. Enttäuscht musste er feststellen, dass die Dichter zwar nachweislich hochkreative Leistungen erbrachten, aber nicht aus Wissen und Weisheit heraus, sondern aufgrund eines natürlichen Talents. Gesichertes Wissen war auch von ihnen nicht zu erhalten.

3. Prüfung des Nichtwissens der Handwerker
Nun wandte sich Sokrates an die „Macher" seiner Zeit. Doch selbst bei den Baumeistern und Kunsthandwerkern fand er viel Selbstüberschätzung, wenn es um die Frage der Weisheit ging.

Am Ende blieb Sokrates nur die resignierte Einsicht, dass alle von ihm Befragten nicht einmal wussten, dass ihr Wissen fehlerhaft und mangelhaft war. Daher musste er, entgegen seinen eigentlichen Erwartungen, zum Schluss kommen, dass er selbst in der Tat der Weiseste war. Schließlich war er sich zumindest des eigenen Nichtwissens bewusst.

„Denn das bin ich mir doch bewusst, dass ich weder viel noch wenig weise bin." (Sokrates).

5.3   Nichtwissen und Führungsmanagement

Was würde Sokrates wohl zum Wissen in heutigen Zeiten im modernen Management sagen?

Er würde auf Führungsmanager* treffen, die die Klaviatur[3] der Unternehmenspolitik makellos beherrschen und weit weniger über effektive Führung und nachhaltige Strategien wissen, als sie glauben und andere glauben machen.

Und er würde auf junge Kreative treffen, die sich viel auf ihre Einfälle einbilden, auch wenn diese nicht auf fundiertem Wissen über die Zusammenhänge im Unternehmen und im Markt aufbauen, sondern eher durch reines Talent entstehen.

Auch die Praktiker und manche im Führungsmanagement bilden sich oft viel auf ihre Erfolge ein, ohne wirklich die Gesamtzusammenhänge zu verstehen und reagieren dann überrascht, wenn plötzlich Probleme auftreten, mit denen sie gar nicht gerechnet haben.

Ganz zu schweigen von den teuren Beratungsleistungen, die nicht selten verpuffen, weil die Berater selbst die angewandten Konzepte in ihrer letztlichen Konsequenz und tieferen Bedeutung nicht richtig verstanden und sich nie die Mühe gemacht haben, die hinter den Beratungskonzepten stehenden Philosophien kritisch zu überprüfen und auf eine gesicherte Grundlage zu stellen.

Sokrates selbst wäre wahrscheinlich der Albtraum aller Neuerer im Management gewesen. Er hätte die Grundlagen ihrer Gedankengänge und Schritte kritisch hinterfragt.

- Welches Menschenbild steht hinter dem jeweiligen Umgang mit den Mitarbeitern?
- Wie werden die Kunden gesehen?
- Was sind die grundlegenden Ziele, die eine Organisation anstreben sollte?
- Gibt es mehrere Aspekte, die allesamt verwirklicht werden müssen, wenn die Organisation erfolgreich sein will?
- Geht es wirklich nur um Profit für die Investoren, um den Shareholder-Value?

Ein Führungsmanager*, der Sokrates' Ansatz nutzt, wird durch kritisches Hinterfragen aus der Flut der immer neuen und am Ende oft belanglosen

---

[3]Die Klaviatur beim Pianoforte sind ca. 88 Tasten – damit eine Vielfaches an Kombinationsmöglichkeiten.

Managementmoden das herausfiltern können, was für seine Arbeit wirklich auf Dauer wertvoll ist. Er wird nur mit geprüften und aussagekräftigen Konzepten arbeiten und hat daher gute Chancen, auch nachhaltig erfolgreich zu sein.

5.4 Nichtwissen als Macht und Dialog als Wahrheitssuche

Ob Jahresbudget-Diskussionen oder Festlegung der Ziele für die eigene Arbeit, beides basiert auf Spekulationen. Nicht selten kann in diesen Bereichen von **„politischen" Spielchen und auch Machtpoker** der Abteilungen und Bereiche gesprochen werden.

Sokrates teilte nicht die Meinung, dass alles im Leben relativ und verhandelbar ist. Er würde auch die heutigen politischen Spielereien in den Organisationen nicht gutheißen. Selbst Erfolg stand bei ihm auf tönernen Füßen, wenn er nicht auf tieferem Verständnis und festen Werten gegründet war.

Was kann folglich aus Sokrates' Sicht des Nichtwissens auch für das Führungsmanagement gelernt werden?

Sokrates beschäftigte sich ganz bewusst und speziell nur mit Fragen, die er für wichtig und wesentlich hielt. Der Führungsmanager*, der sich Sokrates zum Vorbild nimmt, wird deshalb als ersten Schritt die Fragen identifizieren, bei denen Scheinwissen gefährlich für den Organisationserfolg ist. Erst dann wird er in diesem identifizierten wichtigen Problembereich den Prozess des systematischen sowie systemischen Hinterfragens beginnen.

Doch **„WIE"** können solche Fragen identifiziert werden?

Die einzigartige und vielleicht wichtigste Perspektive, die Sokrates in seinen Ansatz der Weisheitssuche einbrachte, war seine Bereitschaft, sein eigenes Wissen in den Punkten, die er für wichtig hielt, immer wieder kritisch auf den Prüfstand zu stellen[4]. Nach seiner Meinung war der beste Weg zur Erkenntnis der vorbehaltlose Dialog mit anderen Menschen. Er nutzte diese Kommunikationsmöglichkeit regelmäßig, um sein eigenes Denken anhand der Vorstellungen anderer zu überprüfen.

Sokrates sah seine Art, sich mit dem Wissen eines anderen auseinanderzusetzen, vor allem auch als ein wichtiges Instrument, selbst zu echtem Wissen zu gelangen. In seinen Augen hatte er seinen Gesprächspartnern nur voraus, dass er

---

[4]Vgl. Drosdek (2007, S. 46 ff.).

in der Lage war, zu erkennen, wenn die Antwort auf eine wesentliche Frage nicht zutreffend war.

Heutzutage gelten für den **Erfolgsfaktor in einer Wissensökonomie** mit globaler Verflechtung und Informationsfluss die Spielregeln der **kreativitäts-fördernden Menschenführung** und der **informationspolitischen Transparenz.** Wobei sich in einem Bereich eine Situation deutlich verschärft: Die Fehler-toleranz ist deutlich gering. Denn angesichts globaler Konkurrenz scheint es kaum noch Möglichkeiten zu geben, Fehler zu machen, die ohne Konsequenzen bleiben.

Der gravierende Fehler dabei ist zunehmend, Nichtwissen zu leugnen und nicht produktiv damit umzugehen. Täglich gibt es in der Wirtschaft Triumphe und Niederlagen, Erfolge und Versagen und praktisch immer ist automatisch **Nicht-wissen im Spiel**!

Und „**WO**" gibt es spezifisches Nichtwissen im Führungsmanagement?

In vielen Bereichen, denn in der weltweit verflochtenen Wirtschaft nimmt die Überschaubarkeit der Gegebenheiten und die Vorhersehbarkeit der Zukunft kontinuierlich ab. Analysieren Sie einmal im Stillen Ihren eigenen Aufgaben-bereich, Ihre Organisation, die Wirtschaft und das Leben an sich aus der Perspektive des Nichtwissens. Jeder Mensch, der das tut, wird erstaunt sein. Es gibt so Vieles, was wir nicht wissen, so viele Überzeugungen und Vorstellungen, die wir, wenn wir sie einmal hinterfragen, nicht wirklich begründen und belegen können. Vieles haben wir einfach von anderen übernommen, ohne es jemals selbst überprüft und durchdacht zu haben.

Ein Weg, im Alltag unser eigenes Nichtwissen besser zu erkennen, liegt darin, das öfter auftretende schwammige Gefühl, da sei etwas nicht stimmig, nicht ein-fach zu ignorieren.

Sokrates hatte es sich z. B. zum Prinzip gemacht, solche Zweifel nicht einfach zu ignorieren oder vor anderen zu überspielen. Sobald folglich Zweifel aufkamen, gebot er sofort Einhalt. Er war davon überzeugt, dass man es sich als Mensch selbst schuldete, keine Zweifel einfach stehen zu lassen.

„Lasse Zweifel niemals unbeachtet." (Sokrates).

Doch „**WELCHES**" Wissen haben die Mitarbeiter*, das Team, die Führungskraft?

Einige Organisationen haben eine Kultur, in der ein Eingeständnis von Nicht-wissen als kritische Schwäche ausgelegt wird. Der Satz *„Das weiß ich nicht."* Ist daher bei Meetings eher unüblich. Realistischer ist der Satz *„Wir sind noch dabei, das zu eruieren."*

Wie aber steht es mit *„Daran habe ich noch gar nicht gedacht"*?
Eine der wichtigsten Quellen zur Überwindung von Nichtwissen liegt im
Wissen der Mitarbeiter*. Doch welches Wissen haben die Mitarbeiter*? Wo
liegen Wissenslücken?

Der beste Weg, das herauszufinden, ist, **gezielte Fragen** zu stellen!

Ganz im Sinne Sokrates' gilt es, so konkret wie möglich nachzuhaken. *„Was
meinen Sie mit …?"* Entweder erhalten Sie dann eine Antwort, die Sie zufrieden
stellt und Ihnen bei Ihrem eigenen Verständnis weiterhilft, oder Sie decken
Schein- und Nichtwissen auf und die Diskussion kann in produktivere Bahnen
gelenkt werden.

Durch kluge und gezielte Fragen – auf Augenhöhe – kann die begeisterte Mit-
arbeit der Mitarbeiter* gewonnen werden, denn aus Forschungsstudien kann ent-
nommen werden, dass Mitarbeiter* dann den größten Einsatz zeigen, wenn sie
von der geplanten Maßnahme überzeugt sind. Und der beste Weg, Mitarbeiter* zu
überzeugen, ist, sie an dem Entscheidungsprozess zu beteiligen.

Gerade an diesem Punkt erweist sich Sokrates in seiner Methodik für den
Führungsmanager* als wertvolle Hilfe. Er hat einmal gesagt, dass er vom Vater
(der Steinmetz war) gelernt habe, den Dingen die richtige Form zu geben und von
seiner Mutter (die Hebamme war), die Wahrheit gezielt ans Tageslicht zu fördern.
Sokrates sah keinen Sinn darin, anderen seine Überzeugung aufzuzwingen. Stattdessen sah er seine Aufgabe darin, anderen dabei zu helfen, ihr eigenes Wissen in
die eigenen Gedanken, in das Bewusstsein zu bringen.

Hinzu kommt das psychologische Element, dass Menschen vor allem die
Menschen besonders sympathisch finden, die sich für ihre Meinung interessieren
und das durch möglichst viel Nachfragen zum Ausdruck bringen. Geschicktes
Fragen kann Ihnen somit sowohl als Führungs- als auch als Lerninstrument dienen.

Nehmen Sie eine ehrliche Inventur Ihres eigenen Nichtwissens vor. Gerade
in Zeiten des Internets sind die Informationsmöglichkeiten nahezu unbegrenzt.
So können Sie privat Ihre Wissenslücken füllen, sobald Sie erst einmal ehrlich
genug zu sich selbst waren, diese zuzugeben. Im Anschluss daran sind Sie umso
besser in der Lage, intelligente und respektvolle Fragen zu effektiven Lösungen
zu formulieren. Ihre Schlagkraft wird so entscheidend gestärkt und Ihre eigenen
Unsicherheiten werden deutlich abnehmen. So können Sie auf authentische Weise
souverän sein.

Sokrates hielt sein Gespür für Nichtwissen für seine wichtigste Fähigkeit.
Auch im Führungsmanagement sollte daher gelten, was er bei vielen Gelegen-
heiten wiederholte:

*„Nur der ist weise, der weiß, dass er es nicht weiß. Es ist keine Schande
nichts zu wissen, wohl aber, nichts lernen zu wollen."* (Sokrates).

Der Sokratische Dialog 6

Rede, damit ich dich sehe.

(Sokrates (Vgl. Knischek (2011, S. 45))

Was sind die Grundlagen für einen erfolgreichen Dialog, der entweder zu mehr gesicherter Erkenntnis oder zumindest zum Erkennen von Nichtwissen führt?
Und wie kann von diesen Regeln Gebrauch gemacht werden?
Sokrates hat seine Dialoge nach Regeln gestaltet, die auch heute noch vorbildlich sind.

6.1 Die Kunst des Dialogs – Respekt und Wahrheit

Mit seiner teilweise kompromisslosen Fragetechnik ging es Sokrates nie darum, seine Dialogpartner* bloßzustellen. Stattdessen wollte er sie dazu zwingen, ihr eigenes Nichtwissen zu erkennen und zur Wahrheit fortzuschreiten. Er hatte tiefen Respekt vor dem Potenzial jedes Menschen, richtig zu denken und dann auch richtig zu handeln. Was er in seinen Dialogen angriff, war nie der Mensch selbst, sondern dessen Weigerung, der Wahrheit ins Auge zu sehen. Sokrates hatte ferner nicht nur **Respekt** vor seinen Dialogpartnern, er forderte diesen Respekt auch von ihnen ein.

© Der/die Autor(en), exklusiv lizenziert durch Springer Fachmedien Wiesbaden GmbH, ein Teil von Springer Nature 2020
C. Lutschewitz, *Philosophie im Leadership,* essentials,
https://doi.org/10.1007/978-3-658-32146-8_6

So ist von ihm der Satz überliefert: *„Aber behandle mich nicht so gering-schätzig, sondern nimm deinen Verstand recht zusammen und sage mir endlich das Richtige."* (Sokrates)[1]

Wie anders würden Meetings verlaufen, wenn jeder echten Respekt vor dem anderen hätte und statt Selbstdarstellung und langen, nichts sagenden Aus-führungen eine klare, faktenorientierte Interaktion aller Beteiligten erfolgen würde.

Für Sokrates zählte allein das Bemühen, den Konzepten auf den Grund zu gehen. Falls sich die Sicht seines Gegenübers dabei als Irrtum erweisen sollte, sah sich Sokrates veranlasst, seinem Gesprächspartner zu besserer Erkenntnis zu ver-helfen, nicht aber, ihn der Lächerlichkeit preiszugeben.

„So lass uns ihn belehren, aber nicht beschämen." (Sokrates)

Den Kern von Sokrates' Ansatz bildet eine klare Forderung: Im Mittelpunkt muss die Wahrheitssuche stehen, nicht die Person[2]. Das Primat der Wahrheit war in Sokrates` Augen die grundlegende Voraussetzung für jeden sinnvollen Dialog.

„Denn allewege ist nicht darauf zu sehen, wer etwas gesagt hat, sondern ob es richtig gesagt ist oder nicht", war ein entscheidendes Grundprinzip bei Sokrates` Suche nach Wahrheit.

Gerade in Meetings, in denen Menschen unterschiedlicher Hierarchie-stufen aufeinandertreffen, kann sich nur dann ein fruchtbarer Gedankenaus-tausch entwickeln, wenn es nur um die jeweiligen Sachverhalte geht und nicht um Profilierungssüchte oder das Schweigen gegenüber den Vorschlägen höher-rangigen Teilnehmer*.

Wer einen positiven Beitrag zur Wissensvermehrung in der Organisation bei-tragen will, muss persönliche Interessen zurückstellen und sich nur um sachlich produktive Beiträge bemühen. Vor allem die üblichen „Hahnenkämpfe" (an denen sich durchaus auch weibliche Manager beteiligen) bringen in dieser Hinsicht wenig.

Für Sokrates war die ehrliche Absicht aller, den Dingen ernsthaft und unvor-eingenommen auf den Grund zu gehen, so wichtig, dass er andere Gespräche, bei denen es nur darum ging, sich auf Kosten der Wahrheit zu profilieren, schlicht für Zeitverschwendung hielt.

Sokrates kannte bei der Wahrheitssuche kein Ansehen der Person und war stets bereit, sich belehren zu lassen und offen für überzeugende Gegenargumente.

---

[1]Vgl. Drosdek (2007, S. 65 f.).
[2]Vgl. Drosdek (2007, S. 67 f.).

*„Und wäre der Fragende einer von jenen Weisen, Streitkünstlern und Wort-
fechtern, so würde ich ihm sagen, ich habe nun gesprochen, und wenn ich
nicht richtig erklärt habe, so ist nun deine Sache das Wort zu nehmen und mich
zu widerlegen."* (Sokrates)[3]
Ganz nach dem Prinzip: Sei stets offen für Gegenargumente.

6.2 Das Sokratische Gespräch

In einem Sokratischen Gespräch wird ausschließlich mit dem Instrument des
Reflektierens über Erfahrungen, die allen Gesprächsteilnehmern zur Verfügung
stehen, gearbeitet. Ein Gespräch ist dann immer sokratisch, wenn es den Teilnehmern dazu verhilft, den Weg vom konkret Erfahrenen zur allgemeinen Einsicht eigenständig selbst zu gehen[4].
In der Literatur[5] werden dazu die folgenden Maßnahmen vorgestellt:

1. Gebot der Zurückhaltung
Die Leitung des Gesprächs muss zu Beginn die Teilnehmer* auf ihr eigenes
Urteilsvermögen verweisen, indem sie ihre eigene Meinung über die erörterte
Sache nicht zu erkennen gibt. Als Leitung muss sie den Teilnehmern an Ein-
sicht in den Gesprächsgegenstand oder durch Erfahrung im Bemühen um Ein-
sicht voraus sein.

2. Im Konkreten Fuß fassen
Die Teilnehmer* sind aufgefordert, einen in allgemeiner Formulierung
geäußerten Gedanken durch ein Beispiel zu erläutern. Je näher es am eigenen
Erfahrungsbericht ist, desto besser. Es muss alles Wesentliche mitgeteilt
werden können.

3. Darauf achten, ob die Teilnehmer* einander wirklich verstehen
Wo etwas zweifelhaft ist, ist eine genaue Verständigung herbeizuführen.
Die Teilnehmer* drücken ihre Gedanken so aus, dass andere sie verstehen
können und bemühen sich darum, die Gedanken der anderen aufzufassen. Die
Gesprächsleitung fragt zum Beispiel:
„Wie haben Sie das verstanden?"

---

[3]Vgl. Drosdek (2007, S. 69).
[4]Vgl. Wisniewski/Niehaus (2016, S. 123 ff.).
[5]Vgl. Heckmann (2017, S. 38 f.), Vgl. Wisniewski und Niehaus (2016, S. 125 ff.).

„Sind Sie richtig verstanden worden?"

„Ich verstehe noch nicht. Kann mir jemand helfen zu verstehen, was gemeint ist?"

4. Festhalten an der gerade erörterten Frage

Am Thema bleiben. Die Gesprächsleitung muss an einer Frage festhalten, bis sie hinreichend geklärt wurde. Kann eine Frage nicht geklärt werden, muss diese zunächst zurückgestellt werden, um später darauf zurückzukommen.

5. Hinstreben auf Konsens

Das Hinausstreben über bloß subjektives Meinen, das Streben nach intersubjektiv Gültigem, nach Wahrheit, ist das Motiv des Sokratischen Gesprächs. Deswegen sind die Gründe für alle Behauptungen zu prüfen und es ist sicherzustellen, dass diese Gründe von allen Teilnehmern als zureichend anerkannt werden.

Wenn im Sokratischen Gespräch Konsens über eine Aussage erreicht wurde, hat diese lediglich den Charakter des Vorläufigen: Bis auf Weiteres bestehen keine Zweifel mehr an der erarbeiteten Aussage.

Jedoch kann ein bisher nicht erwogener Gesichtspunkt in den Blick kommen, der neue Zweifel hervorruft. Dann muss die bisher nicht mehr angezweifelte Aussage von neuem geprüft werden.

Niemals aber wird eine Aussage erreicht, die einer neuen Revisionsbedürftigkeit entzogen wird. Das Sokratische Gespräch setzt in der Tat den Begriff **„irrtumsfreie Wahrheit"** nicht voraus. Es setzt jedoch voraus, dass eine Aussage falsch oder nicht hinreichend begründet ist.

6. Lenkung

Hiermit sind alle Maßnahmen gemeint, mit denen die Gesprächsleitung das Gespräch in effektive Bahnen lenkt. Dadurch bewahrt die Gesprächsleitung das Gespräch vor dem Schicksal vieler ungeleiteter Gespräche, dem Verlieren eines klaren Gedankenganges oder dem Zerfließen,Versanden des Gesprächs. Schon deswegen ist sie von der Aufgabe entlastet, ihre Position zur diskutierenden Sache zu vertreten. Sie achtet eher darauf, dass wesentliche Fragen und gedankliche Ansätze aufgegriffen werden.

In der Gegenwart gewinnt die Sokratische Gesprächsführung für eine Vielfalt neuer Praxisfelder an Bedeutung, wie z.B. in der Beratung von Organisationen und in der Aus-/ Weiterbildung von Mitarbeitern*.

Heute würde Sokrates Menschen in Organisationen vermutlich folgende
Fragen stellen:

- *Was ist eine gute Organisation?*
- *Was ist gute Führung (Unternehmensführung, Mitarbeiterführung, Selbst-
  führung?)*
- *Warum sollte man moralisch sein?*
- *Was ist ein gutes Team?*
- *Was verstehen wir unter Kundenzufriedenheit?*
- *Wann ist ein Konflikt konstruktiv?*
- *Was heißt es für ein Unternehmen, sozial zu sein?*
- *Was ist gute, gelingende Kommunikation?*
- *Was bedeutet es, verantwortlich zu sein?*

6.3   Regeln und Tipps für den Sokratischen Dialog

Das Erlernen des Sokratischen Dialogisierens ist zeitintensiv, da komplex. Die
Kenntnis der Methodik und ihrer einzelnen Phasen ist zwar unabdingbar für
ihren sinnvollen Einsatz, bietet jedoch noch keine Garantie für erfolgreiches
Anwenden. Dies wird in der Regel erst sukzessive, nach mehreren Versuchen
gelingen.

Auch gibt es dafür keine allgemeingültigen Rezepte, jedoch hilfreiche und
nützliche Hinweise und Tipps[6], die für den ersten Übungsdialog dienlich sein
können[7].

… vor Beginn des Dialogs:

1. **Prüfen, ob ein geeignetes Thema vorliegt**
   Für einen Sokratischen Dialog muss ein konkretes Thema aus dem beruf-
   lichen Alltag vorliegen. Dies kann in einer unlogischen, irrationalen oder
   dysfunktionalen Grundüberzeugung, Ideologie, Anspruchshaltung oder Moral-
   vorstellung bestehen und dem Ziel, eine Begriffserklärung oder im Wunsch,
   einen moralischen Konflikt oder einen Zielkonflikt zu lösen.

---

[6]Vgl. Stavemann (2015, S. 333 ff.).

[7]Ich bitte die „alten Hasen" um Nachsicht, wenn der eine oder andere Punkt dabei selbstverständlich oder profan erscheinen sollte.

Das Thema besitzt einen hohen Realitätsbezug für die Teilnehmer*und ist für deren Problematik zentral.

2. **Prüfen, ob die Teilnehmer* zum Sokratischen Dialog fähig und bereit sind**
   Die Teilnehmer* sollen intellektuell und psychisch zu einem Sokratischen Dialog fähig sein. Er wird nur begonnen, wenn die folgenden Anforderungen erfüllt sind: wie z. B. Reflexionsfähigkeit, reflexive Persönlichkeit, Veränderungsmotivation, Problemeinsicht und Ziele.

3. **Prüfen, ob genügend Zeit zur Verfügung stehe**
   Sokratische Dialoge werden nur begonnen, wenn sie – was zeitliche Möglichkeiten betrifft – auch beendet werden können.

4. **Prüfen, ob die Beziehung unter den Teilnehmern stimmig ist**
   Ein Sokratischer Dialog wird nur begonnen, wenn die Teilnehmer dazu bereit sind, dieses Thema gemeinsam mit der Gesprächsleitung, zu diesem Zeitpunkt, anzusprechen und zu reflektieren.

   ... während des Dialogs:

5. **Realitätsbezug herstellen und das Thema formulieren**
   Im Sokratischen Dialog wird keine allgemeingültige, absolute Wahrheit gesucht, sondern die individuelle, angemessene Lösung für die Teilnehmenden. Deshalb lässt die Gesprächsleitung die Teilnehmenden stets den Realitätsbezug durch konkrete Beispiele herstellen und das Thema entsprechend formulieren.

6. **Beim Thema bleiben**
   Ein Sokratischer Dialog verläuft weitestgehend strukturiert. D.h. kein Gewichten oder Abwägen, solange nicht alle Teilnehmer* den Sachverhalt, das Thema verstanden haben. Bis dahin erfolgt keine Lösungssuche.
   Die Gesprächsleitung bleibt beim gewählten Thema und beginnt kein neues, bevor das begonnene beendet ist. Selbst, wenn die Teilnehmer* neue, irrationale oder klärungsbedürftige Begriffe verwenden oder Behauptungen aufstellen.

7. **Stellen kurzer und präziser Fragen und prüfen, ob diese beantwortet werden**
   Die Fragestellung erfolgt einfach, verständlich und präzise und die Gesprächsleitung prüft, ob die Teilnehmer* sie verstanden haben und darauf antworten. Falls nicht: Zurück zur Frage.

8. **Naive und fragende Haltung bewahren und belehrende Aussagen vermeiden**
   Die Gesprächsleitung enthält sich ungeprüfter Hypothesen, Spekulationen, Übertragungen oder Generalisierungen. Sie füllt damit keine eigenen Verständnislücken aus, sondern klärt diese durch konkrete Nachfragen.

Die Teilnehmer* suchen im Dialog eigene Erkenntnisse und Wahrheiten. Die Gesprächsleitung wird daher belehrende Aussagen und das Darlegen eigener Sichtweisen oder Normen unterlassen, um die Teilnehmer* nicht in ihrem Suchprozess zu beeinflussen.

9. **Den Eindruck des allwissenden Fachmanns vermeiden**
   Die Gesprächsleitung versteht und akzeptiert, dass es *die* gute, richtige und sinnvolle Lösung nicht gibt, dass ihre eigene Lösung keine Allgemeingültigkeit besitzt und meist nicht adäquat für die Teilnehmer* ist.
   Die „Lebensweisheit" der Gesprächsleitung bleibt außen vor.
   Die Gesprächsleitung vermeidet den Eindruck, die gesuchte Lösung schon zu kennen und die Teilnehmer* nur noch dabei zu beobachten, wie sie sich bemühen, eine Lösung zu suchen.
   Auch die Gesprächsleitung ist daher eine Suchende: Sie sucht zusammen mit den Teilnehmern nach „der" angemessenen Lösung.

10. **Mit Kritik zurückhalten und nicht als Punktrichter agieren**
    Die Gesprächsleitung benennt Fehler nicht als solche, sondern fragt so lange nach einer Erklärung, bis die Teilnehmer* erkennen, dass bisher keine „sinnvolle / weise" Lösung/Idee geliefert wurde. Die Gesprächsleitung versucht so, Widerstand möglichst gering zu halten und vermeidet, dass die Teilnehmer* als „Blödiane" dastehen. Ferner unterstützt die Gesprächsleitung nicht einzelne Personen, sondern nimmt eine neutrale Haltung ein und unterstützt nicht einzelne Sichtweisen oder Argumente.

11. **Geduldig sein**
    Die Gesprächsleitung wiederholt Fragen und Ableitungen der Teilnehmer* so oft, wie diese es zu ihrem Verständnis und ihrer Lernfähigkeit benötigen. Sie drängt oder hetzt nicht, verweist nicht auf die Zeit oder macht Zielvorgaben, um die Teilnehmer* nicht in ihrer Suche und Erkenntnisphase zu beeinträchtigen. Die Gesprächsleitung wiederholt und präzisiert herausgearbeitete Erkenntnisse der Teilnehmer* und lässt sie durch sie bestätigen, um sie dann als deren Ergebnis festzuhalten.

    ... nach dem Dialog:

12. **Die Erfolge des Dialogs gehören den Teilnehmern**
    Die Gesprächsleitung vermeidet den Eindruck, sie habe das Ergebnis schon vorher gekannt. Sie ist selbstbewusst und selbstsicher genug, um den Teilnehmern Anerkennung für die gefundene Lösung zu zollen, ohne sich dabei als diejenige in den Vordergrund zu spielen, der diese Lösung zu verdanken sei.

13. Wenn etwas daneben geht …

Verheddert sich die Gesprächsleitung im Dialog und sollte sie es – weshalb auch immer – im Meeting nicht schaffen, einen irrationalen Gedanken der Teilnehmer* zu entkräften, scheut sie sich nicht, das Thema neu aufzugreifen. *„Ich habe nochmal über das nachgedacht was Sie herausgefunden haben, eines ist mir dabei noch nicht klar: Wie …"*

Zusammenfassung – was einen „guten" Gesprächsleiter* ausmacht

- Gebot der inhaltlichen Zurückhaltung, einlassen auf das Gegenüber
- Konkretes einfordern und dabei gleichberechtigt im Dialog
- Volles Ausschöpfen des Gesprächs (das Gespräch als Hilfsmittel des Denkens) und gemeinsame Suche nach dem (wahren) Wissen
- Den „roten Faden" sichtbar machen (Festhalten an der gerade erörterten Frage ohne Abschweifen) und Wirklichkeitsdurchdringung, Vollständigkeit
- Hin zum Konsens – mit (Zweifel) Reflexion und Lösungsorientierung
- Formale Hilfestellung im Gesprächsverlauf (kooperative Lenkung)

Übersicht

Was ist Gerechtigkeit? (Ein Beispiel für Sokratischen Dialog)

S = Sokrates und G = Gesprächspartner (hier eine Führungskraft)

Frage (Thema auswählen)

S: Gerechtigkeit bei der Beurteilung Ihrer Mitarbeiter ist Ihnen wichtig.

G: Ja, in der Tat, ist mir sehr wichtig.

S: Was genau verstehen Sie diesbezüglich unter Gerechtigkeit?

Scheinwissen (Definitionsversuch)

G: Darunter verstehe ich, das gleiche Leistungen gleichbehandelt werden.

S: Was genau ist daran gerecht?

G: Na, das alle nach den gleichen Maßstäben beurteilt werden

Widerlegung des Scheinwissens

S: Was, wenn einige sich mit den Leitungen anderer schmücken? Sie sehen vielleicht nur das, was unmittelbar in Ihrer Gegenwart geschieht. Andere erbringen vielleicht ein gleich gutes Leistungsniveau, ohne, dass Sie das überhaupt erkennen können.

G: Ich kann natürlich nicht zu jeder Zeit hinter den Mitarbeitern stehen und
    zuschauen, was sie machen. Das ist Glück für die einen, wenn sie im
    richtigen Augenblick das Richtige tun und Pech für die anderen.

S: Ist es gerecht, Glück oder Pech zu haben?

G: Nun, das kommt darauf an, wie es verteilt ist, ob es insgesamt gerecht
    ist.

S: Insgesamt? Also die Leistung der Mitarbeiter über den gesamten Zeit-
    raum,
    den sie z. B. in der Firma sind, oder was meinen Sie?

G: Eigentlich ja.

S: Wer könnte das Beurteilen?

G: Eigentlich niemand

S: Und trotzdem glauben Sie, gerecht zu beurteilen?

G: So generell vielleicht nicht, aber im Einzelfall.

S: Okay, in einer konkreten Situation Glück oder Pech zu haben, wäre
    dann ungerecht?

G: Eigentlich ja ...

Aporie (Verlegenheit)

G: ... ach, ich weiß es doch auch nicht. Alles, was ich meinte zu wissen,
    wurde in unserem Gespräch gerade widerlegt. Ist also unrichtig oder
    sogar falsch

Suche nach Wissen /nach Alternativen => (Selbst-) Erkenntnis

S: Für Sie ist es weiterhin wichtig, Leistung gerecht zu beurteilen?

G: Natürlich. Es gibt wohl keine allgemeine Definition von Gerechtig-
    keit. Vielleicht ist ein anderer Begriff besser: Fairness

S: Damit ersetzen Sie einen Begriff durch einen anderen, der vielleicht
    ebenso unscharf ist. Lassen Sie uns doch gemeinsam versuchen,
    herauszufinden, was es mit der Gerechtigkeit auf sich hat

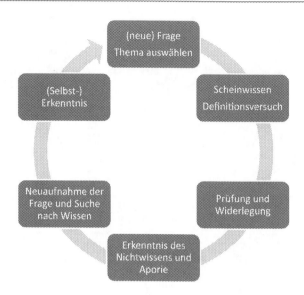

Der Mensch als Mittelpunkt – Selbstreflexion

7

Menschliche Ziele können nicht.
durch unmenschliche Mittel erreicht werden.

(Richard von Weizsäcker (Vgl. Skupy (2017, S. 444))

„Erkenne dich selbst!" lautet die berühmte Inschrift über dem Eingang des Apollotempels.

Dieses Motto machte sich auch Sokrates zu seiner Lebensaufgabe.

Die frühen Philosophen (auch Vorsokratiker genannt[1]) hatten den Blick ins Außen gerichtet, d. h. sie wollten erfragen und begreifen, wie die Welt um sie herum gestaltet war[2]. Ihr Interesse galt folglich dem Wesen des Kosmos' und den Gesetzmäßigkeiten der Natur.

Erst Sokrates konzentrierte sich auf den Menschen selbst.

- Wie sollte ein Mensch leben?
- Was sollten seine Lebensziele sein?
- Was ist unter einem gesamthaft geglückten Leben zu verstehen?

Selbstkenntnis war daher für Sokrates ein wichtiger Bestandteil der Hinwendung zu Menschen. **„Erkenne Dich selbst!"** (Sokrates).[3]

Für Sokrates bestand das Leben vor allem aus einem Streben nach Selbsterkenntnis, gefolgt von darauf aufbauendem richtigen Handeln.

---

[1]Vgl. Ludwig (2019, S. 15 ff.).
[2]Vgl. Drosdek (2007, S. 70 ff.).
[3]Vgl. Drosdek (2007, S. 71).

© Der/die Autor(en), exklusiv lizenziert durch Springer Fachmedien Wiesbaden GmbH, ein Teil von Springer Nature 2020
C. Lutschewitz, *Philosophie im Leadership*, essentials,
https://doi.org/10.1007/978-3-658-32146-8_7

„Bleibe bescheiden und hilf auch anderen dabei, bessere Menschen zu werden." (Sokrates).[4]

Für Sokrates gehörte eine gründliche Selbstanalyse auch zu einer der Grundvorbereitungen auf wichtige Führungsaufgaben. **„Ruhe Dich nicht auf Deinen Talenten aus!"** (Sokrates).[5]

Wer sich selbst analysiert, wer Denken, Verhalten und seine Haltung hinterfragt, dem fällt es nicht schwer zu erkennen, dass er noch Vieles nicht wirklich weiß, dass es noch viele Bereiche gibt, in denen er Erfahrungen sammeln muss. Folglich ist die Selbsterkenntnis der Ausgangspunkt für einen fruchtbaren Lernprozess.

Auch die moderne Lerntheorie beschreibt die Selbsterkenntnis als entscheidenden Anstoß zu echtem Lernen: Ein Mensch, der in einer bestimmten Fähigkeit nicht kompetent ist, wird sich nicht um eine Kompetenzerhöhung bemühen, solange sich er sich seines Mangels nicht bewusst ist. Deshalb ist der erste Schritt für erfolgreiches Lernen, die Erkenntnis des eigenen Unwissens, dem wiederum ein Prozess der Selbstreflexion vorausgeht.

Sokrates bezeugte, dass er diese Selbstanalyse vorgenommen hatte und nun ernsthaft echtes Wissen anstrebte.

Er war lernbereit, weil es ihm darum ging, den Dingen wirklich auf den Grund zu gehen. Er war darüber hinaus bescheiden genug, zu wissen, dass er dieses Unterfangen nicht allein bewältigen konnte, sondern dafür anderer Menschen bedurfte. Er versicherte aber allen, die ihm bei seiner Suche nach wahren Erkenntnis halfen, dass er ihren Beitrag nicht einfach vereinnahmen würde.

Sokrates war immer bereit, den Menschen, die die Quelle seiner Erkenntnis waren, auch die entsprechende öffentliche Anerkennung zukommen zu lassen. Wer immer ihm zu Erkenntnis verhalf, musste also nicht befürchten, dass Sokrates dieses Wissen als sein eigenes ausgeben und die Menschen verleugnen würde, die ihm zu seinem Wissen verholfen hatten.

„Sei offen für Neues und stets bereit, von anderen zu lernen." (Sokrates).[6]

Allein eine solche ehrliche Einstellung von *„Ehre, wem Ehre gebührt"* würde den Wissensfluss in vielen Organisationen wesentlich erhöhen und beschleunigen.

---

[4]Vgl. Drosdek (2007, S. 96).

[5]Vgl. Drosdek (2007, S. 72).

[6]Vgl. Drosdek (2007, S. 74).

Wer Menschen erfolgreich führen will, muss auf authentische und glaubwürdige Art eine natürliche Autorität[7] zum Ausdruck bringen. Mitarbeiter brauchen einen „Vorgesetzten", den sie respektieren können. Sokrates war solch ein Mensch. Ein Mensch, vor dem man Respekt haben konnte. Den Blendern und Selbstdarstellern seinerzeit war er wegen seines Scharfsinns und seiner Scharfzüngigkeit verhasst. Von den Menschen jedoch, die bereit waren, sich für das Wohl aller einzusetzen und denen es um die Wahrheit und nicht um Selbstdarstellung und die eigenen Vorteile sowie Privilegien ging, wurde Sokrates stattdessen als großer Lehrer und Freund verehrt. Allen voran Platon, der selbst prägenden Einfluss auf die Nachwelt haben sollte.

---

[7]Vgl. die neue Autorität z. B. Nach Haim Omer: Präsenz, Stärke, Beharrlichkeit, Selbstkontrolle, Unterstützung, Wertschätzung und Transparenz.

Die Wahrheit, der Lebenssinn und eigene Begrenzung

Für Sokrates bestand die Hinwendung zum Menschen aber nicht nur in der Selbstanalyse. Es war ebenso sein erklärtes Ziel, dem Wohl seiner Mitmenschen zu dienen, indem er auch ihnen bei ihrer **Suche nach Wahrheit und Lebenssinn** helfen würde[1].

Einer seiner Gesprächspartner zeigte sich verwundert darüber, dass Sokrates es vorzog, mit armseliger Kleidung und einfacher Speise zu leben. Der Gesprächspartner Sokrates' vertrat nämlich die Ansicht, dass große Weisheit auch ihre Belohnung haben müsse.

Sokrates antwortete ihm auf seine Auflistung der Vorteile des Reichtums:

„Meinst du aber, das Vergnügen, das dergleichen Beschäftigungen gewähren, sei mit dem zu vergleichen, das aus dem Bewusstsein entspringt, sich selbst und seine Freunde immer besser zu machen? Dies ist immer meine Maxime gewesen und wird es immer bleiben." (Sokrates).[2]

Sokrates fand seine Erfüllung darin, sich selbst und andere zu bessern, zu wichtigeren Prioritäten zu verhelfen und das wirklich Gute im Leben anzustreben.

„Bleib bescheiden und hilf auch andern dabei, bessere Menschen zu werden." (Sokrates).[3]

Er hatte folglich echte Freude daran, ein Mentor für Jüngere und Unerfahrenere zu sein. Wissen sah er als Verantwortung und er ließ sich bei Wahrnehmungen nicht von selbstsüchtigen Motiven leiten.

---

[1]Vgl. Drosdek (2007, S. 76).
[2]Siehe Fußnote 49.
[3]Vgl. Drosdek (2007, S. 77).

C. Lutschewitz, *Philosophie im Leadership,* essentials, https://doi.org/10.1007/978-3-658-32146-8_8

Es ist leicht zu sehen, warum Sokrates bei den jungen Eliten Athens beliebt war. Und auch Führungskräfte können in ihrer Rolle ein Mentor für andere sein. Denn jeder Mitarbeiter, der einen Vorgesetzten hat, der ihm bei der Entwicklung seines eigenen Potenzials hilft, kann sich glücklich schätzen. Und jeder, der solche einen Mentor ist, wird langfristig von seinem Umfeld als positiver Einfluss geschätzt werden.

Jedoch war Sokrates kein weltfremder Philosoph. Seine Selbsterkenntnis ging einher mit einer tiefen Menschenkenntnis: Denn wer sich selbst kennt, kann auch die anderen besser durchschauen und einschätzen.

Sokrates weigerte sich auch stets, ein politisches Amt zu ergreifen. Denn seiner Überzeugung nach führte eine Zugehörigkeit zu einem bestimmten Stand zu entsprechenden Vorurteilen und mentalen Scheuklappen. Ebenso könnten materielle Interessen und unethische Verpflichtung gegenüber Freunden oder der Familie die Urteilskraft beeinflussen und trüben. Er war kein Freund politischer Ränkespiele und vernetzter Seilschaften.[4]

Für Sokrates gab es nur eine legitime Gemeinsamkeit, die höchste Priorität einnehmen konnte: **Das gemeinsame Suchen nach Wahrheit.**[5]

Auch Führungsmanager*sind in konkrete Verantwortungen eingebunden, die zu dem Druck führen (können), sich von der eigenen Stellung in der Organisation vereinnahmen zu lassen. Echte Führung erweist sich in einer Organisation aber vor allem dort, wo das Gesamtinteresse im Vordergrund steht und versucht wird, mit der eigenen Arbeit diesem Gemeinwohl zu dienen.

Voraussetzung hierfür ist Selbsterkenntnis
Denn nur, wenn sich der Mensch bewusst ist, dass er eventuell voreingenommen ist, kann er gezielt dagegen vorgehen. Wer auf diese Weise ein positives Beispiel setzt, kann zumindest in einer Organisation mit produktiven Werten und einer gesunden Organisationskultur dazu beitragen, dass alle an einem Strang ziehen, statt sich in Einzelinteressen zu verzetteln.

Für Sokrates würde das langfristige Ziel der Organisation darin liegen, gleichzeitig das Wohl aller Beteiligten, also der Investoren sowie der Mitarbeiter und der Gesellschaft, ehrlich und mit höchster Kompetenz zu fördern[6].

---

[4]Vgl. Jaspers (1995, S. 107 f.).
[5]Vgl. Drosdek (2007, S. 80).
[6]Vgl. Drosdek (2007, S. 81).

In der (heutigen) Praxis ist dieses Ansinnen mitunter nicht immer (leicht realisierbar oder) möglich, sollte dennoch das erstrebte Ziel darstellen. Die Voraussetzung dafür ist das Streben nach Weisheit und (Selbst-) Erkenntnis.

„Gerade weil wir alle glücklich leben wollen, sollten wir nach Weisheit streben." (Sokrates).[7]

---

[7]Vgl. Drosdek (2007, S. 82).

Was ist „gut" und was ist „gute" Führung?

> *Weise Lebensführung gelingt keinem Menschen durch*
> *Zufall.*
> *Man muss, solange man lebt, lernen, wie man leben soll.*
>
> *(Seneca (Vgl. Knischek 2011, S. 9))*

9.1 Ist der Mensch gut oder böse?[1]

Für den einen ist der Mensch von Natur aus eher egoistisch, für den anderen sind Kooperation und gemeinsames Handeln natürliche Züge des Menschen. Schließt die Verfolgung eigener Interessen aus, dass Menschen gemeinsame Interessen haben und gemeinsam handeln?

Der Mensch ist von Natur aus gut! Es ist *Jean-Jacques Rousseau,* der im 18. Jahrhundert seine Zeitgenossen mit dieser Idee provoziert. Er spricht vom glücklichen und freien Naturmenschen, der erst durch die Gesellschaft schlecht, unfrei wird. Solange der Naturmensch allein lebt, hätte er keinen Grund, böse zu sein. Für Rousseau wird der Mensch durch seine äußeren Einflüsse und Umstände zu einem solchen Menschen. Das Böse entsteht also erst im Zusammenleben mit anderen Menschen.Wobei Rousseau weiter glaubt, dass für den Menschen dennoch die Gemeinschaft wichtiger ist, als das freie Individuum.

Der Mensch ist von Natur aus egoistisch und selbstsüchtig! Für *Thomas Hobbes* strebt der Mensch von Natur aus nach Ruhm, Ansehen und Selbsterhaltung auf Kosten anderer. Da der Naturzustand ein Kriegszustand ist, braucht der Mensch den Gesellschaftsvertrag, um den Frieden leben zu können.

---

[1]Vgl. Bernardy (2020, S. 87 f.).

© Der/die Autor(en), exklusiv lizenziert durch Springer Fachmedien Wiesbaden GmbH, ein Teil von Springer Nature 2020
C. Lutschewitz, *Philosophie im Leadership,* essentials,
https://doi.org/10.1007/978-3-658-32146-8_9

Auch der deutsche Philosoph *Arthur Schopenhauer* sieht den Egoismus als Haupttriebfeder des Menschen. Er glaubt, dass der Mensch ein Opfer seiner Instinkte, Triebe und seines Wollens ist. Zusammenleben vergleicht Schopenhauer mit **Stachelschweinen im Winter,** die sich aneinander reiben und gegenseitig verletzen. Ein Lichtblick bei Schopenhauer ist das Mitleid: Es bringt den Menschen dazu, dass er Gutes tut.

Der Mensch ist von Natur aus gut und Gerechtigkeit ist ein Naturrecht! Viel optimistischer ist der britische Philosoph und Aufklärer *John Locke.* Für ihn kommt jeder Mensch mit den gleichen Voraussetzungen auf die Welt. Alle Menschen sind vernunftbegabt, daher ist der Naturzustand auch kein Krieg aller gegen alle. Menschen kooperieren und folgen instinktiv einem Naturrecht, zudem auch Gerechtigkeit und individuelle Freiheit gehören.

Zurück zu Sokrates. Er brachte eine neue Perspektive in das menschliche Streben. Er sah die Aufgabe des Menschen vor allem darin, so tugendhaft wie möglich zu leben.

Modernen Menschen könnte der Begriff Tugend antiquiert und irrelevant erscheinen. Man könnte mit ihm zum Beispiel Wörter wie Keuschheit und Demut, Askese und Gutmenschentum assoziieren.

Das war aber nicht das, was Sokrates im Sinne hatte. Sein Konzept geht auf das griechische Wort *„arete"*[2] zurück, das am besten mit dem Begriff *„Tauglichkeit"* übersetzt werden kann. Dieser Vorstellung nach ist *„gut",* im Sinne von *„tugendhaft",* das, was seine Funktion optimal erfüllt.

Ein Stuhl ist etwa dann gut, wenn man bequem darauf sitzen kann oder er so stabil ist, dass er auch schwerere Benutzer aushält. Auf den Menschen angewandt bedeutet das gut sein, das eigene Potenzial in optimaler Weise zu nutzen und seiner Verantwortung perfekt gerecht zu werden.

Sokrates vertrat in diesem Sinne, anders als später sein Schüler Platon, noch eine Vorstellung von dem absoluten Guten. Für ihn war das Gute die Tauglichkeit für den der Sache oder der Person bestimmten Zweck.

So soll er einmal gesagt haben: **„Ich kenne nichts Gutes, das zu nichts gut ist, und wünsche es auch nicht zu kennen."**

„Alles Gute hat seinen Sinn!" (Sokrates).[3]

---

[2]Das antike griechische Wort Arete (altgriechisch ἀρετή aretḗ) bezeichnet allgemein die Vortrefflichkeit einer Person oder die hervorragende Qualität und den hohen Wert einer Sache. https://de.wikipedia.org/wiki/Arete (Login 06.09.2020).

[3]Vgl. Drosdek (2007, S. 84).

9.2   Wie definiert Sokrates die gute Führung, einen guten Führungsmanager*?

In den Augen Sokrates' wäre ein guter Führungsmanager* jemand, der sich durch ständige Selbstverbesserung im Laufe der Zeit immer weiterentwickelt und gleichzeitig seine Aufgaben gegenüber all denen, denen er Verantwortung schuldet, optimal wahrnimmt. Erfolge, die nicht auf tugendhaftem Wege erzielt werden, zählten für ihn nicht. Wer seine eigenen Werte des Erfolges wegen kompromittiert, kann am Ende keine guten Resultate erzielen.

Alle Handlungen sollten also darauf abzielen, ein als gut verstandenes Endziel zu erreichen. Was wiederum auch mit einschließt, dass Unangenehmes als Konsequenz in Kauf genommen wird und werden muss.

Gutes zu tun bringt viel Angenehmes mit sich, gleichwohl sollte das gute Gefühl nicht der Grund für gutes Handeln sein, sondern vielmehr die Überzeugung, durch gutes Handeln Dinge zu verändern.

„Tue Gutes um seiner selbst willen, nicht wegen der Vorteile, die es mit sich bringt." (Sokrates).[4]

Die Entscheidungen, die der Mensch im Leben fällt, sind in die Hierarchie seiner Werte und Ziele eingebettet. Bewusst oder unbewusst strebt er mit seinen Handlungen immer bestimmte erwünschte Resultate an. Das ist auch bei Führungsmanagern* nicht anders.

Eine gute Entscheidung bewirkt zum Beispiel einen kurzfristigen Profit und sie steigert den Umsatz oder den Marktanteil der Organisation, senkt Kosten oder führt zu einer erfolgreichen Neuausrichtung des Unternehmens. Auf diese Weise tragen alle guten Entscheidungen zum langfristigen Profit der Organisation bei.

Wie sich in der Praxis oft zeigt, kann die Profiterreichung von heute aber z. B. der Reputation der Organisation schaden und so langfristige Profite mindern. Fast schon ein Klischee ist in dieser Hinsicht die Organisation, welche aus Profitgründen umweltschädigend handelt oder bei ihren Produktionsstätten in Fernost keine allzu strengen sozialen Maßstäbe anlegt.

Auch wenn für Sie als verantwortungsvolle Führungsmanager* der Endzweck Ihrer Handlung selbstverständlich der Erfolg Ihrer Organisation ist, ist es nicht immer einfach festzustellen, welche Entscheidungen und Handlungen diesen jeweils auf Dauer fördern werden.

---

[4]Vgl. Drosdek (2007, S. 85).

Noch komplizierter wird die Frage des Guten, wenn Sie diese auf Ihr gesamtes Leben beziehen. Denn es mag z. B. gut für Ihre Organisation und Ihre eigene Stellung im Unternehmen sein, wenn Sie in kritischen Zeiten durch lange Arbeitszeiten an der Lösung unternehmerischer Probleme arbeiten. Gleichzeitig kann sich das aber negativ auf Ihr Familienleben auswirken.

Laut Sokrates gilt es hier klare Prioritäten zu entwickeln und sich dann um eine auf diesen Prioritäten basierende vernünftige Ausgeglichenheit in allen Lebensbereichen zu bemühen.

Wenn wir insgesamt von einem *„guten"* Managementführer* sprechen und nicht nur von jeweils guten Entscheidungen und Handlungen, dann stoßen wir hier auf eine weitere, höhere Ebene des Gutseins.

Für Sokrates gehörte zum Guten die optimale Erfüllung des eigenen Potenzials. Als Führungsmanager* müssen Sie also nicht nur danach streben, gute Entscheidungen zu treffen oder gute Führungsmaßnahmen zu ergreifen. Sie müssen vor allem auch an sich selbst arbeiten. Dieser Prozess der kontinuierlichen Selbstverbesserung stellt für Sokrates den Ausgangspunkt des Strebens nach Gutem dar.

Ein Mensch kann nur dann andere gut führen, wenn er an sich selbst gearbeitet hat und durch Selbsterkenntnis und Selbstmanagement gut geworden ist. Letztlich hält Sokrates für den Menschen nur das für gut, was sein Leben auch insgesamt in eine gute Richtung lenkt.

„Gut ist nur das, was dich zu einem guten Menschen macht." (Sokrates).[5]

Wenn das Resultat guten Handelns nicht eine Selbstverbesserung ist, dann war die jeweilige Entscheidung langfristig nicht gut.

Ein Führungsmanager* sollte sich folglich immer fragen:

- Was soll die jeweilige Maßnahme bewirken?
- Geht es nur um kurzfristige Erfolge oder verfolge ich damit auch langfristige Ziele?
- Nutzt diese Maßnahme nur mir selbst oder meiner Abteilung und der Organisation als Ganzes auf Dauer?

Auch bei Mitarbeiterführungen treffen unterschiedliche Ziele aufeinander. So kann eine Aufgabe an einen Mitarbeiter vergeben werden, damit sie gut erledigt wird. Es kann aber auch gleichzeitig darum gehen, dass der Mitarbeiter daraus

---

[5]Vgl. Drosdek (2007, S. 87).

wertvolle Erfahrung sammeln soll, weil er langfristig für höhere Aufgaben vorgesehen ist.

Ein Führungsmanager*, der Verantwortung für die Zukunft seiner Mitarbeiter trägt, sollte daher stets Klarheit über eigene Motive anstreben.

Sokrates mahnte an, unsere Motive und Ziele genauer zu untersuchen und sicherzustellen, dass alle Entscheidungen am Ende den höheren Zwecken dienen, die wir angeblich anstreben.

Gerade dort, wo viel Macht im Spiel ist, sieht Sokrates besondere Gefahrenstellen. So erlebte er oft, wie Menschen, die allzu ehrgeizig nach Erfolg strebten, charakterlich Schaden litten. Er konnte das selbst an seinen Schülern beobachten, von denen sich einige später mit rabiaten Mitteln politisch durchsetzten und dadurch in Gegnerschaft zu Sokrates gerieten.

Jedoch glaubte Sokrates nicht, dass Menschen ohne echte Authentizität auf Dauer erfolgreich und glücklich werden könnten.

„Sei, was du scheinen willst!"[6] war schon im alten Athen sein Rat an diejenigen, die nachhaltigen und echten Erfolg haben wollten.

Sokrates glaubte folglich an die Verpflichtung eines jeden Menschen, das Gute als Lebensaufgabe anzustreben. Für ihn heiligte der Zweck nicht die Mittel.

Ein geglücktes Leben hängt seiner Überzeugung nach nicht vom äußeren Erfolg allein ab, sondern auch vom Charakter, den der Mensch dabei entwickelt.

„Denn wer rechtschaffen und gut ist, der, behaupte ich, ist glückselig, sei es Mann oder Frau, wer aber ungerecht und böse ist, ist elend." (Sokrates).[7]

Von Sokrates kann folglich gelernt werden, dass die persönlichen Werte immer zuerst dahingehend zu überprüfen sind, ob sie auch letztlich zu etwas Gutem führen und zwar nicht nur zu etwas Gutem für einen selbst, sondern in erster Linie zu etwas Gutem für alle Beteiligten. (Mitarbeiter, Investoren, Gesellschaft).

Mit seiner kompromisslosen Selbstanalyse, seiner Offenheit für das eigene Nichtwissen und seinem Streben, seinem eigenen Potenzial und seiner eigenen Verantwortung gerecht zu werden, kann Sokrates als Vorbild dienen.

In einer Wissensökonomie, in der die Mitarbeiter zu entscheidenden Organisationsressourcen geworden sind, können er und sein Denken dabei helfen, andere mit mehr Glaubwürdigkeit zu führen, dadurch, dass der Führungsmanager* echtes Interesse spüren lässt und um gutes Management zum

---

[6]Vgl. Drosdek (2007, S. 91).

[7]Vgl. Drosdek (2007, S. 92).

Wohle aller bemüht ist, nicht um Selbstdarstellung und das Verfolgen banaler Eigeninteressen.

Wer Sokrates' Philosophie bei der Führung folgt, handelt gemäß dem Motto: **„Man muss nicht das Leben am höchsten achten, sondern das Gutleben."** (Sokrates).[8]

---

[8]Vgl. Drosdek (2007, S. 93).

Sokrates' Weisheit als Fazit ... 10

Wo stehen wir heute und wie können Sokrates und die traditionelle Philosophie zur Lösung von Problemen, gerade im Führungsbereich, beitragen?

Im Mittelpunkt dieses Essentials stand Sokrates, der seine Schüler und Mitbürger veranlasste, über das Bestehende und allgemein Anerkannte kritisch nachzudenken, der Prinzipien und Begriffe des Denkens hinterfragte und dadurch seine Gesprächspartner anregte, zu neuen Erkenntnissen und Einsichten zu kommen. Bei diesen Gesprächen wurden stets die Werte der Gemeinschaft mitdiskutiert.

Sokrates bewegte sich nicht im luftleeren Raum, er war eingebunden in die Polis, war Teil der Gesellschaft und nahm dort seine Verantwortung gegenüber der Gemeinschaft wahr. Er reflektierte sein Verhalten und hielt auch seine Mitbürger an, ihr Verhalten und ihre Sitten zu reflektieren und kritisch zu hinterfragen. Mit anderen Worten, er nahm die überlieferten Verhaltensregeln nicht einfach hin, sondern fragte nach ihrer Berechtigung und ihrer Begründung. Und, er suchte stets nach alternativen Antworten auf seine Fragen. Sokrates war auf der Suche nach Werten und Prinzipien, auf denen eine Gesellschaft langfristig und nachhaltig fußen kann und nach Orientierungspunkten, die ein sittliches Leben des Einzelnen, wie auch der Gemeinschaft, ermöglichen können.

Niemand ist im Besitz der Wahrheit, da der Mensch nur über Vermutungswissen verfügt, folglich ist es wichtig, die Wahrnehmung des Gegenübers zu verstehen und den Perspektivwechsel durchführen zu können. Das ist das Ziel und dieses kann durch Fragen erreicht werden. Fragen, die im Sokratischen Gespräch Möglichkeiten bieten, den eigenen Standpunkt zu überprüfen und einen Konsens zwischen Gesprächspartnern* herbeizuführen, die zunächst unterschiedlicher Auffassung sind.

© Der/die Autor(en), exklusiv lizenziert durch Springer Fachmedien Wiesbaden 53
GmbH, ein Teil von Springer Nature 2020
C. Lutschewitz, *Philosophie im Leadership,* essentials,
https://doi.org/10.1007/978-3-658-32146-8_10

Dabei zeigt sich immer wieder, dass im Dialog durch gemeinsames Nachdenken, durch kritisches Nachfragen und oftmals auch durch Irritationen und Verwirrungen, neues Wissen und Verstehen gewonnen werden können.

Damit erhalten Mitarbeiter- und Teamgespräch, die Vorgehensweise bei Konfliktlösungen und insbesondere die Weiterbildung im Bereich der Führungsund Organisationsentwicklung neue Handlungsoptionen[1].

Der geschützte Raum der philosophischen Praxis bietet jedem Gedanken, jeder Frage, die Chance, gestellt zu werden. *„Erkenne dich selbst"* heißt, sich selbst und sein Tun und Handeln regelmäßig infrage zu stellen.

- Bin ich auf dem richtigen Weg?
- Handle ich so, dass ich mir selbst noch in die Augen sehen kann, ich mir treu bleibe?

Die philosophische Praxis bietet die Möglichkeit, den Dingen auf den Grund zu gehen, einen Schritt zurückzutreten und sein eigenes Denken und Handeln zu reflektieren.

Wenn dies auch in den Führungsetagen von Wirtschaft und Politik vorgelebt würde, müssten uns wir uns um die Zukunft nicht bange sein.

„Heute werden Philosophen überall gebraucht, in jeder Branche und in jeder Organisation." (Anders Indset).[2]

---

[1]Vgl. Wisniewski und Niehaus (2016, S. 275 f.).

[2]Vgl. Inset (2017, S. 27).

Was Sie aus diesem *essential* mitnehmen können

- Sie haben Zusammenhänge zwischen Führung, und philosophischem Denken kennengelernt
- Philosophische Wahrnehmung, Reflektion, Denkanstöße und Gedankenmuster wurden vorgestellt.
- Sie haben Wichtiges und Informatives zu Sokrates, seinem Leben, Denken und Handeln kennengelernt.
- Dieses Essential gibt Ihnen die Möglichkeiten, den Sokratischen Dialog näher zu erproben und daran Gespräche zu strukturieren.
- Sie können nun Mut fassen, die Philosophie als nicht unbegreifbar und überdreht anzusehen, sondern aus und mit der Philosophischen Art zu Denken weiter das Unwissen zu erfragen und damit Lebensaufgaben neu zu durchdenken.
- Dieses Essential hat Sie mit den Grundlagen zu Sokratischem Denken und Dialogen vertraut gemacht und bietet die Grundlage für weiterführende Literatur und eigene Möglichkeiten der Umsetzung in der Praxis.

> Vereinfacht können wir die Philosophie in zwei Säulen unterteilen,
> in die Kunst des Lebens und
> in die Kunst des Denkens.
> Und ich bin überzeugt,
> dass die Philosophie uns den Weg weisen wird,
> wie wir unser Leben aufräumen können,
> und sie wird uns dabei helfen,
> als Menschen zu wachsen und uns zu entfalten
> (Anders Indset (Vgl. Indset 2017, S. 237))

Literatur

Wenn du fertig ausgebildet bist und meinst, ausgelernt zu haben, dann hast du nicht ausgelernt, bist aber ganz sicher fertig.

(Anders Indset (Vgl. Indset 2017, S. 58))

Bernardy, J. (2020). *Philosophische Gedankensprünge*. Weinheim: Beltz.

Bohm, D. (2005). *Der Dialog. Das offene Gespräch am Ende der Diskussion*. Stuttgart: Klett-Cotta.

Ciompi, L., & Endert, E. (2011). *Gefühle machen Geschichte*. Göttingen: V&R.

de Botton, A. (2004). *Trost der Philosophie. Eine Gebrauchsanweisung*. Frankfurt a. M.: Fischer.

Dobelli, R. (2020). *Die Kunst des klaren Denkens. 52 Denkfehler, die Sie besser anderen überlassen*. München: Piper.

Drosdek, A. (2007). *Sokrates für Manager. Eine Begegnung mit zeitloser Weisheit*. Frankfurt a. M.: Campus.

Drucker, P. (2014). *The effective executive*. München: Vahlen.

Fink, F., & Moeller, M. (2018). *Purpose Driven Organizations. Sinn – Selbstorganisation – Agilität*. Stuttgart: Schäffer-Poeschel.

Frey, D., & Schmalzried, L. (2013). *Philosophie der Führung. Gute Führung lernen von Kant, Aristoteles, Popper & Co*. Berlin: Springer.

Geiselhart, H. (2012). *Philosophie und Führung. Fragen und erkennen, planen und handeln, hoffen und Mensch sein*. Wiesbaden: Springer Gabler.

Güsmüsay, K. (2020). *Sprache und Sein*. Berlin: Hanser.

Heckmann, G. (2017). *Das sokratische Gespräch*. Münster: LIT.

Indset, A. (2017). *Wildes Wissen. Klarer denken als die Revolution erlaubt*. Frankfurt a. M.: Campus.

Isaacs, W. (2011). *Dialog als Kunst gemeinsam zu denken*. Gevelsberg: EHP-Verlag.

Jaspers, K. (1995). *Die großen Philosophen*. München: Piper.

Kishimi, I., & Koga, F. (2019). *Du musst nicht von allen gemocht werden. Vom Mut sich nicht zu verbiegen*. Hamburg: Rowohlt Taschenbuch.

Kishimi, I., & Koga, F. (2020). *Du bist genug. Vom Mut glücklich zu sein*. Hamburg: Rowohlt Taschenbuch.

Knapp, N. (2018). *Kompass neues Denken. Wie wir uns in einer unübersichtlichen Welt orientieren können*. Hamburg: Rowohlt Taschenbuch.

Knapp, N. (2018). *Der Quantensprung des Denkens. Was wir von der modernen Physik lernen können*. Hamburg: Rowohlt Taschenbuch.

Knischek, S. (2011). *Lebensweisheiten berühmter Philosophen*. Hannover: Schlütersche.

Ludwig, R. (2019). *Philosophie für Anfänger von Sokrates bis Sartre*. München: dtv.

Nida-Rümelin, J., & Weidenfeld, N. (2014). *Der Sokrates Club. Philosophische Gespräche mit Kindern*. München: btb.

Pigliucci, M. (2020). *Die Weisheit der Stoiker. Ein philosophischer Leitfaden für stürmische Zeiten*. München: Piper.

Skupy, H. H. (2017). *Das große Handbuch der Zitate*. München: Bassermann.

Stavemann, H. (2015). *Sokratische Gesprächsführung in Theorie und Beratung*. Weinheim: Beltz.

von Scheurl-Defersdorf, M. (2020). *In der Sprache liegt die Kraft. Klar reden, besser leben*. Freiburg: Herder.

Wisniewski, R., & Niehaus, M. (2016). *Management by Sokrates*. Berlin: Roger Wisniewski.

Printed in the United States
By Bookmasters